T0299107

معـــالم

في

الفكر الإداري

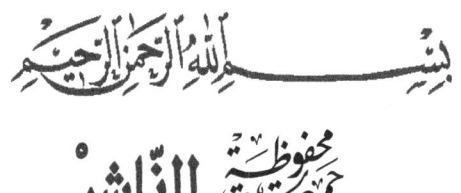

بسم الله الرحمن الرحيم

١٤٣٠هـ - ٢٠٠٩م

رقم الإيداع لدى دائرة المكتبة الوطنية
(٢٠٠٨/٣/٦٢١)

٣٧٠،١١
المومني ، خالد

معالم في الفكر الإداري /خالد سليمان أحمد المومني محمد علي القضاة .- إربد: دار الكتاب الثقافي ، ٢٠٠٨ .
(...) ص.

ر.أ (٢٠٠٨/٣/٦٢١)
الواصفات / :الفكر الإداري//الإدارة التربوية//الإدارة/

* تم إعداد بيانات الفهرسة والتصنيف الأولية من دائرة المكتبة الوطنية

ISBN 978-9957-492-20-5 ردمك

دار الكتاب الثقافي
للطباعة والنشر والتوزيع
الأردن / إربد
شارع إيدون إشارة الإسكان

Dar Al-Ketab
PUBLISHERS
Irbid - Jordan
Tel:
(00962-2-7261616)

(00962-2-7250347)
P. O. Box: (211-620347)
E-mail:
Dar_ Alkitab1@hotmail.Com

دار المتنبي للنشر والتوزيع
الأردن - إربد - تلفاكس: (٧٢٦١٦١٦)

معالم في الفكر الإداري

تأليف:

الدكتور: خالد سليمان أحمد المومني
دكتوراه / الفلسفة في الإدارة التربوية

السيد: محمد علي القضاة
ماجستير/ الأصول التربوية

دار الكتاب الثقافي

الإهداء

إلى من نهلت منهما معاني الفضيلة والأخلاق .... وغرسا في السمو بالتواضع

والمحبة بالتسامح....والدي ووالدتي......

إلى إخوتي... وأخواتي ... نبض القلب.....

إلى زملائي وأصدقائي .... مشعل الصدق والإخلاص......

إلى كل من علمني حرفاً... كان أم كلمة ....

إلى الأمل الذي نحيا من أجله ونموت

المؤلف الدكتور :

خالد سليمان المومني

الإهداء

إلى القلعة التي احتمي بها من المجهول والخطر....والدتي...

إلى الشمعة التي تحترق لتنير لي الدرب نحو الحياة.....والدي...

إلى اللوحة التي تجعل لي معنى في الحياة...أخوتي وأخواتي....

إلى رفيق الدرب الطويل....أخي طارق

إلى الغالي في القلب والوجدان الباسم رغم الشقاء والتعب.. باسم القضاة

المؤلف :

السيد محمد علي القضاة

المقدمة:

يعود تاريخ الإدارة إلى فجر تاريخ الإنسان حين مارس الإدارة على أبناء جنسه على امتداد الحقب التاريخية. لقد مارسها وهو في العصور الحجرية عندما كانت التجمعات البشرية قليلة العدد ومحدودة الغايات والأهداف، وقد رافقت الإدارة الإنسان في تقدمه الحضاري، وكانت من الأسباب المباشرة في هذا التقدم الحضاري للإنسان حتى يومنا هذا، وسوف تبقى الإدارة تلعب الدور البارز في تقدم الإنسان نحو تحقيق أهدافه وغاياته.

تعد الإدارة من الضروريات الأولى للإنسان إذ يستطيع الإنسان من خلالها وعن طريقها الوصول إلى غاياته وأهدافه المنشودة وفق دائرة معلوماته عن نفسه، وعلاقة الإنسان مع أخيه الإنسان، وعلاقة الإنسان بالوجود، ومكانته في العالم، وفهم الإنسان للحياة الدنيا، وما تعكسه هذه المعلومات عن تلك القضايا الحساسة على تصرف الإنسان في الظروف المختلفة، لذلك تعددت الأنماط الإدارية ومفاهيمها بسبب تعدد مفاهيم الإنسان ومنطلقاته حول القضايا السابقة، فإذا عطفنا بنظرنا إلى صفحات التاريخ الإنسانية فإننا نجد التفاوت الكبير في السلوك الإداري عند الإنسان، حيث نجد النمط الإداري الفرعوني، كما نجد شريعة حمورابي وطريقته في الإدارة، كما نلاحظ المفاهيم العشائرية والقبلية للإدارة، هذا بجانب رؤية المفاهيم المنظمة للإدارة في نظام الإمبراطوريات السابقة، ويضاف إلى هذه الأنماط الإدارية الطريقة الرسالية في الإدارة التي كان يتحلى بها أنبياء الله ورسله عليهم صلوات الله وسلامه جميعاً.

ويعد الإنسان العامل الأول والأخير بالنسبة للإدارة، ولولا الإنسان وغاياته وأهدافه لما عرفت الإدارة وما تم اكتشافها، ولكن الإنسان تعامل مع الإدارة على

أساس أنها السبيل الوحيد الـذي يوصـله إلى مـا تتـوق لـه النفوس والى مـا ترنـو لـه الطموحـات والآمال، فالإنسان يعد مخلوقاً غائياً خلقـه البـاري عـز وجـل بهـذه الصـورة البديعـة والقـدرات المتميزة، فهو يسعى باستمرار إلى تحقيق غاياته، كمـا انـه لا يقـوم بـأي عمـل إلا مـن اجـل غايـة معينة، لذلك فان المحرك الأول بالنسبة للإنسان هي غاياته التي يسعى إلى تحقيقها، وقد تختلـف بعض هذه الغايات عن بعض، فمنها ما يستطيع الإنسان الفرد أن يحققها عـن طريـق جهـوده الفردية، ومنها ما يريد العون والمسـاعدة مـن أنـاس آخـرين ليقـوى عـلى تحقيقهـا، لـذلك توجه الإنسان بكل ما أعطي من قوة إلى الإدارة منذ فجـر تاريخـه، وسـوف يبقـى هـذا الربـاط القـوي، والاعتماد المباشر من الإنسان على الإدارة لتحقيق غاياته وأهدافه حتى نهاية الحياة الدنيا.

وفي هذا الكتاب حاول الباحثان الحديث عن بعض الموضوعات المتعلقـة بـالإدارة التربويـة، حيث احتوى الكتاب على سبعة فصول ، تناول الباحثان في الفصل الأول الحـديث عـن القيـادة التربوية ،وفي الفصل الثاني التمكين الإداري، وفي الفصل الثالث مقالة عـن الاتصـال الإداري، وفي الفصل الرابع الحديث عن موضوع إدارة الصراع في المنظمات ، وفي الفصل الخامس الحـديث عـن الإشراف التربوي، وفي الفصل السادس تم الحـديث عـن التخطـيط التعليمـي والتربـوي، واخـيرا في الفصل السابع تحدث الباحثان عن صناعة السياسات التربوية وتنفيذها وتقويمها.

المؤلفان :

الدكتور: خالد سليمان شحادة المومني

السيد : محمد علي القضاة

عجلون في ٢٠٠٦/٨/١٦

الفصل الأول

القيادة التربوية

مقدمــة :

يشــهد العــالم اليــوم صراعــاً مريــراً بــين الاهتمامــات المختلفــة: السياســية والاقتصــادية والاجتماعية والإدارية، يقوم القادة في هذا الصراع بأدوار خطيرة تجعل مصير الإنسانية مرتبطاً إلى حدٍ كبير بتفاعلهم مع غيرهم من الشعوب والمجتمعات في مختلف الظروف.

لقد أصبحت الحاجة ماسة في هذه الأيام إلى قادة يتميزون بـالخبرة والمهارات والكفـاءات المناسبة، والمعرفة والقدرة على تحمل المسؤولية والتنبؤ للتكيف مع كـل مـا هـو جديـد ومتطور، للقيام بالدور القيادي المطلوب خاصة مع نمو المؤسسات وتطورها وتعقد وتعدد أدوارها (حمادات، 2006).

فالقيادة هي علم وفن شأنها في ذلك شان الإدارة، إلا أن القيـادة تتميـز عـلى الإدارة بأنهـا تتضمن عنصر المبادأة وإحداث بنيـة وإجـراءات جديـدة قـد يقـوم بهـا القائـد لتحقيـق أهـداف مؤسسته، هذا إضافة إلى اهتمامه بالبعد الإداري المنطلق من استخدام البنية والإجراءات الموجودة (الطويل، 1997).

وتشير القيادة إلى مركز معين، أو مكانة ووظيفة، أو دور اجتماعي يؤديه الفرد (القائـد) في أثناء تفاعله مع أعضاء جماعته (الاتباع). ويُفترض فيمن يتبوأ

القيادة أن يتميز بقوة الشخصية والقدرة على التأثير في الآخرين، وتوجيه أفكارهم وسلوكهم نحو تحقيق هدفٍ محددٍ لصالح المجموعة التي يتولى قيادتها. ويتولى القائدُ أيضاً مسؤولية تنظيم عمليات التفاعل بين أعضاء الجماعة، والحفاظ على تماسكها والمبادرة لحلّ المشكلات الناجمة عن هذا التفاعل، وتيسير موارد قوتها وسلطتها، فالقيادة أذن تفاعل نشط مؤثر وموجه، لا مجرد مركز وقوة ومكانة. والقائد هو الشخص الرئيس في الجماعة الذي يؤثر في نشاطات أفرادها وسلوكهم؛ لتحقيق أهداف مشتركة من خلال التفاعل الإيجابي مع أفراد جماعته (Geanings, 1972).

وتلعب القيادة التربوية دوراً بارزاً في قيام جميع العاملين في المؤسسات التربوية بواجباتهم وفي تحقيق العملية التربوية لأهدافها، وهي ليست مقتصرة على من يشغل المركز القيادي بحكم وظيفته، بل إنها قد تنبع من بين المجموعة وقد تتغير المواقف والمبادرات، إذ قد تنتقل في المجموعة من بين يدي القائد الرسمي إلى أيدي مرءوسيه عن طريق ما يقدمونه من إبداع وما يلعبونه من أدوار فعالة، فنجاح القائد في تأدية دوره هو الذي يكفل له الاستمرار فيه، إذ أن الدور هو ذلك الإطار المعياري للسلوك الذي يطالب به الفرد نتيجة اشتراكه في علاقات وظيفية بصرف النظر عن رغباته الخاصة البعيدة عن هذه العلاقة الوظيفية ويتحدد مستوى الدور القيادي بمتطلبات الواجبات والنظام الهرمي، وتتميز الأدوار بأنها يمكن تعلمها وتعليمها سواءً من خلال الإعداد للوظيفة قبل الدخول فيها أو التدرب عليها في أثناء ممارستها.

فالقيادة نشاط دينامي يؤثر في الجهاز الإداري حيث ينقله من الحالة الاستاتيكية الراكدة إلى الحالة الدينامية المتحركة (الطويل ، 1997).

كما أن كثيرا من الأدوار يمكن تعلمها عن طريق الملاحظة والتقليد والمحاكاة، ويكون أداء الدور بطريقة تلقائية ذاتية، وقد تتعارض الأدوار المطلوبة من القائد مع طريقة تفكيره وشخصيته وقابليته، كما قد تتعارض مع من يعمل معهم سواء كانوا رؤساء أو مرؤوسين، غير أن النجاح في تأدية الدور القيادي يعتمد إلى حد كبير على كفاءة وقدرة من يتولاه وعلى نوع العلاقة التي استطاع أن يحققها مع رؤسائه مرؤوسيه.

ومن المعلوم أن المدارس تتفاوت في درجات أدائها وصولاً للتميز حتى تصبح منظمة متميزة في أدائها مقارنة بمثيلاتها في الحجم، والنوع وطبيعة الأعمال، والواقع أن هذا التميز للمدارس له أسباب وعوامل جوهرية أساسية لا يمكن التغاضي عن أهميتها وهي

أولاً : الإرادة القوية والصادقة لإدارة المدرسة والقادرة على إحداث تغيير إيجابي في أنماط أدائها عموماً.

ثانيا: القيادة الفعالة التي تقود هذه المدرسة إلى التغيير الإيجابي المنشود، والذي ينقلها من حال إلى حال أحسن، وتجعلها في وضع تنافسي أفضل، ولذلك فإن حجم ونوع وطبيعة التغيير الإيجابي في المدرسة يعتمد وبشكل كبير على ما تملكه القيادة من رؤية واضحة، تستشرف بها آفاق المستقبل، وأيضا قدرة هذه القيادة على تحويل هذه الرؤية إلى واقع حقيقي وملموس، وفي الحقيقة أن القيادة الفعالة يلزمها لعب الكثير من الأدوار المؤثرة والتي تؤدي إلى إحداث تغيير إيجابي للمدرسة. ويكمن الحفاظ على المدرسة في قيادتها، فالقائد الحقيقي هو الذي يفهم جيداً أن أفعاله يجب أن تكون هي السائدة،

وليست أقواله، وأن عليه أن يطبق هذه الإجراءات ولا يكتفي بالوعظ والإرشاد، ذلك لأن من يزرع يحصد ويجني ثمرة عمله، إن مثل هذه الأمور تعتبر الخريطة التي توجه القائد التربوي ذلك لأنه سوف يختبر الثقافة والمجتمع كانعكاس مباشر للقيادة وممارساتها.

وبناء على ذلك فان العلاقات التي يخلقها القائد والأنظمة التي يدعمها والقرارات التي يتخذها سوف يكون لها أكبر الأثر على المدرسة ككل. ونتيجة لذلك فإن القائد يجب أن يدرك تماماً أن الممارسات التي يقوم بها والتي يعتقد بها هي الأفضل، وهي التي تحقق ما هو أفضل للطلاب، ويجب على هؤلاء أن يخلقوا نموذجاً للتأكيد على أهمية العلاقات القائمة على العدالة، والعناية، ويجب أن يفهم القائد أن أفعاله هذه لها نتائج تؤثر على النظام بأكمله، وأن فهم هذه الأمور سوف تمنح الفرصة لأي قائد للتعاون مع كل أولئك الذين لهم علاقة بالسلك التعليمي، وبهذا يؤكد على أن المدرسة سوف تعكس أهداف المجتمع على امتداده، ومساعدة الشباب في المجتمع، ليدرك إمكانياته ويصبح الشباب هنا على وعي تام بأنهم مرتبطين مع آخرين ضمن شبكة معقدة من العلاقات. وبالتالي فإن تحقيق هذا الإدراك هو هدف كل قائد تربوي وخاصة أولئك الذين يعتبرون أنفسهم نماذج للأخلاقيات وممارساتها. وبهذا يتمكن القائد من أن يجد طريقه الصحيح أو كما يقال ;يجد نجمة المضيء في العاصفة الرملية (الزهيري، 2006).

وتعدَّ القيادة من أهم المدخلات المركزية لتحديد طبيعة التفاعلات داخل الجماعة. فالقيادة سلوك يُمارس من خلاله التأثير في اتجاهات العاملين، وسلوكهم، ومدى ارتباطهم بتحقيق أهداف المؤسسة. فضلاً عن أن طبيعة القيادة

تحدد خصائص بيئة العمل والتي يقضي العاملون فيها معظم أوقاتهم، مما يؤثر ليس في مدى رضاهم عن عملهم فقط، بل في مدى رضاهم عن حياتهم بشكلّ عام (شوقي، 1992).

ويعدّ النمط القيادي العامل الرئيس في إنجاح العمل المؤسسي، أو فشله في المؤسسات العامة وفي المؤسسات التربوية ، وذلك لما للقائد التربوي من دورٍ حاسمٍ في التأثير في سلوك أعضاء هيئة التدريس والعاملين في المؤسسة التربوية، وفي خلق الجوّ العلمي الفعَّال الذي يمثل البيئة الصفية للتعلم وزيادة في تحصيل الطلبة. و إذا كان القائد التربوي قادراً على القيام بمهماته من تخطيط وتنظيم، وتوجيه ورقابة، وتشجيع للعاملين وحفزهم، فإنه يكون قادراً على تحقيق أهداف المؤسسة، وبخلاف ذلك تتعثر المؤسسة، ويصعب تحقيق الأهداف التي تتوخاها (الأشقر، 1994).

ولقد جاء الاهتمام بالسلوك القيادي باعتباره أهم الأعمدة الرئيسة للإدارة الفعَّالة، فالإدارة المتسلطة غالباً ما تخفي وراءها عدم الكفاية على التوجية السليم، مما ينعكس سلباً على العلاقات العامة بين الإدراة والعاملين، بينما تعمل الإدارة الديمقراطية على إشاعة جو من المحبة والثقة والرضا عن العمل(Jreisat , 1996).

ويتفق التربويون على أهمية امتلاك مدير المدرسة للسلوك القيادي الفعَّال، الذي من شأنه العمل على تحقيق أهداف المدرسة وغاياتها، وتسيير العملية التعليمية التعلمية في مدرسته، فهو المسؤول عن تنظيم وتوجيه وتحفيز جميع

العاملين في المدرسة، وتهئية جميع الظروف؛ لتساعدهم على نموهم مهنياً، وشخصياً؛ للقيام بأدوراهم على أفضل وجه (العمري، 1992).

ومن المفروض أن يطور القادة التربويون تفهماً واعياً لكيفية قيادة هذا الإنسان والتعامل معه، بحيث يبذل كلّ ما بوسعه من جهد عن قناعة ورضا في أثناء ممارسته لدوره في المؤسسة التربوية، فالقيادة نشاط دينامكي يؤثر في الجهاز الإداري، حيث إنه ينقله من حالة الركود والروتينية إلى حالة العمل الحيوي الفعَّال (الطويل، 1997).

ويحاول دارسو الإدارة التربوية -من خلال تناولهم لمفهوم القيادة- المقارنة بينه وبين مفهوم الإدارة، فيميّز البعض بين الإدارة والقيادة، على اعتبار أن الإدارة هي ما يتعلق بالجوانب التنفيذية. أمّا القيادة فتتعلق بما هو أكبر من هذا، وتتطلب ممن يقوم بدورها أن يدرك الغايات البعيدة، والأهداف الكبرى، ولايعني هذا أن يكون القائد غير مسؤول عن الأمور التنفيذية، بل عليه أن يجمع بين الاثنين معاً (مرسي، 2001). والبعض الآخر نظر إلى الفرق بين الإدارة والقيادة من منظور السلطة والنفوذ، بمعنى أن رجل الإدارة يمارس سلطة بحكم ما يخوله مركزه ووظيفته. أمّا القيادة فإنها عملية ليست جامدة، وإنما هي عملية ديناميكية يمكن من خلالها أن تقوم بأدوار مختلفة وفقاً لمقتضيات الموقف، وما يتوقع من القائد نفسه (الخطيب والخطيب والفرح، 1998).

مفاهيم القيادة :

بدأ المفكرون والتربويون بدراسة السلوك القيادي الفعَّال؛ لأهميته، فحدّدوا مفهومه وخصائصه، فللقيادة مفاهيم وتعريفات عدّة تختلف في أشكالها؛ لكنها في معظمها تحمل نفس المعنى والتوجيه. فمفهوم القيادة في الإسلام يختلف عنه في مجال آخر، حيث إن البعد الأساسي لمفهوم القيادة في الدين الإسلامي، هو: البعد الروحي، المتمثل بالتزام القائد بالإيمان بالله وحده لاشريك له، والخوف منه والورع والتقوى والرقابة والخوف من الله حيث يتمثل هذا البعد بالاهتمام بالعمل (معايعه، 1995).

والقائد في الإسلام مسؤول عن شؤون الحياة، ومهتم بالعمل والصالح العام والعدالة، ونشر الدين بالحكمة والموعظة الحسنة، وكلّ ذلك يعدُّ توطئة للحياة الآخرة (نوافله، 1993).

ومن أهم خصائص القيادة في الإسلام أنها قيادة وسطية في الأسلوب، إنسانية تحفظ للإنسان كرامته، وقيادة تنتمي إلى الجماعة، وتؤمن وتلتزم بالهدف، وذات مهارة سياسية تضع حسابات دقيقة لكلّ القوى المؤثرة في البيئة المحيطة بها (أبوسن، 1986).

ويذكر مرسي (2001) بأن القيادة هي السلوك الذي يقوم به الفرد حين يوجه نشاط جماعة نحو هدف مشترك.

أمّا شوقي (1992) فيعرّف القيادة على أنها "مجموعة السلوكيات التي يمارسها القائد في الجماعة، وتستهدف حثّ الأفراد لتحقيق الأهداف المنوطة

بالجماعة بأكبر قدر من الفاعلية التي تتمثل في كفاءة عالية في أداء الأفراد، مع توافر درجة كبيرة من الرضا، وقدرٍ عالٍ من تماسك الجماعة.

ويورد القريوتي (1993) تعريفاً للقيادة، هو: "قدرة تأثير شخص على الآخرين، حيث يجعلهم يقبلون قيادته طواعية، دونما إلزام قانوني؛ وذلك لاعترافهم التلقائي بقيمة القائد في تحقيق أهداف الجماعة والتعبير عن آمالهم وطموحاتهم مما يتيح له القدرة على قيادة الجماعة بالشكلّ الذي يريده".

ويشترك هانسون Hanson وهيو Hoy ومسكل Miskel واخرون في تعريف القيادة التربوية بأنها: عملية توجيه وتنسيق جهود الأفراد نحو تحقيق الأهداف التعليمية المشتركة (سلامة، 1989).

ويعرّف عبد الرحيم (1996) القيادة على أنها "عملية تأثر مشترك تتطلب الإعداد المسبق والتخطيط والتدريب، وتستلزم بلوغ الأهداف المحددة، والاستغلال الأمثل للموارد المتاحة، فمسؤولية القائد تكمن في ضبط القيادة، وتوفير الجوّ الملائم للعمل وتنظيم وتوافر الحوافز اللازمة لتحقيق رضى العاملين.

وتورد الخطيب وزملائها (1998) تعريفاً للقيادة على أنها أداء لوظائف تساعد الجماعة على تحقيق أهدافها المختلفة، والحقيقة أن تحويل الاهتمام من الخصائص الشخصية إلى أداء وظائف قيادية يلقي ضوءاً جديداً على موضوع التنمية القيادية.

وعرف كلّ من التمان وهودجتسن (Altman & Hodgettsn ,1979) القيادة على أنها "عملية التأثير على الآخرين من أجل توجيه جهودهم نحو إنجاز بعض الأهداف المعينة". ولعملية التأثير مصدران هما:

أ) قوة مكانة القائد المتأتية من السلطة الرسمية الممنوحة له.

ب) رغبة المرؤوسين بالطاعة.

والقيادة : هي القدرة على التأثير على الآخرين وتوجيه سلوكهم لتحقيق أهداف مشتركة، فهي إذن مسؤولية تجاه المجموعة المقودة للوصول إلى الأهداف المرسومة.

وتعريف آخر : هي عملية تهدف إلى التأثير على سلوك الأفراد وتنسيق جهودهم لتحقيق أهداف معينة.

ويرى كلّ من هوي وميسك(Hoy& Miskel ، 1978) أن القيادة مصطلح غامض، وله تعريفات كثيرة، لذلك فقد قدما مفاهيم عدّة للقيادة، هي: القيادة هي العملية التي يقوم بها الشخص الذي يُعطي مهمة توجيه الأفراد وتنسيق نشاطاتهم، والقيادة هي عملية ممارسة السلطة واتخاذ القرارات. وهي أيضا عملية التأثير على نشاطات مجموعة منظمة من الأفراد؛ لتحقيق بعض الأهداف.

ويقسّم كالاهان وفلينور وكنيدسون (Callahan& Fleenor& Knudson، 1986) عملية القيادة إلى ثلاثة عناصر، هي: القيادة هي عملية، وظاهرة متحركة الناس الذين من الممكن أن يكونوا قادة، أو زملاء، أو مرؤوسين، ومخرجات عملية القيادة المتعلقة بتحقيق الأهداف.

ويعرف الطويل القيادة بأنها: أحسن الوسائل للتفاعل بين الإنسان والمال والمادة بأقصى ـ كفاية إنتاجية وبأقل التكاليف الممكنة وضمن الوقت المحدد لتحقيق الهدف (الطويل، 1999).

ويرى سميث (Smith, 1991) أن القيادة، هـي "عمليـة التـأثير في الآخـرين، وأن القائـد هـو الشخص الذي يؤثر في الآخـرين للقيـام بالمهـام عـن طريـق توجيـه سـلوكهم. ويقـدّم أربـع طـرق يستطيع بها القائد التأثير في الجماعة، وهي: توضيح عمل سير الجماعة وواجباتها، وتوجيـه سـلوك الجماعة عبر وضع القواعد المناسبة لهم، والقيام بـدور المتحـدث باسـم الجماعـة أمـام الجماعـات الأخرى، والتعبير عن مشاعرهم وقراراتهم داخل التنظيم وخارجه، ويساعد الجماعـة عـلى تحقيـق أهدافها وتنظيم مواردها وقراراتها.

ويمكن تعريف القيادة بأنها: القدرة على التأثير في الآخرين أفـراداً وجماعـات؛ ليتعـاونوا في سبيل تحقيق هدف مرغوب فيه. فالقيـادة ليسـت ميـزة شخصـية في شـخص القائـد، ولكنّهـا دور يقوم به الفرد، وهو حصيلة عوامل تشـمل الفـرد والجماعـة وظـروف التنظـيم، ولـذا فـإن القائـد الناجح هو الذي يستطيع كسب تعاون جماعته وإقناعهم بأن تحقيق أهداف المنظمة هو تحقيق لأهدافهم.

ومن خلال التعريفات المختلفة، يتضح أن هناك ثلاثة شروط أو عنـاصر لابـد مـن توافرهـا لوجود القيادة:

أ) وجود جماعة من الناس

ب) وجود شخص من بين أعضاء الجماعة قادر على التأثير الإيجابي في سلوك الآخرين

ج) أن تستهدف عملية التأثير توجيه نشاط الجماعة وتعاونهم لتحقيق هـدف مشـترك يسـعون لتحقيقه (حمادات، 2006).

ويجب أن يتوافر لدى القائد التربوي، الذي يسهم في تحقيق أهداف المؤسسة، العديد من المهارات، مثل (صليبيا، 1972)، النظرة الشمولية للعملية التربوية من عاملين وطلبة، والقدرة على صنع القرار، والولاء للمؤسسة التربوية، والموازنة بين حاجات العاملين ومتطلبات العمل، وتنمية التفكير الإبداعي لدى العاملين، وتنمية روح الجماعة، والحس بالمسؤولية وتعزيز الرقابة الذاتية لديهم.

ونظراً لأهمية القيادة، فقد جاءت الدراسات في فترة مبكرة وكان من أبرزها نظرية السمات (Trait Approach) التي حاولت أن تحدد الصفات التي يتميز بها القائد سواء أكانت جسمية أم عقلية، غير أنها لم تقدم إجابة عملية عن كثير من الأسئلة المثارة بشأن القيادة، بيد أنها كشفت أن للقيادة خصائص، أو سمات يمكن اكتسابها وتعلمها إلى حدٍّ كبير (المغيدي وناجي، 1994).

تلت ذلك محاولات عدة لوصف السلوك القيادي ركزت على تحديد بعدين رئيسين، هما:

أ) بعد يهتم ببنية التنظيم وإنجاز مهامه وتحقيق أهدافه.

ب) وبعد يهتم بالأفراد العاملين في هذا التنظيم وحاجاتهم وعلاقاتهم(العمري، 1992).

أهمية القيادة:

لابد للمجتمعات البشرية من قيادة تنظم شؤونها وتقيم العدل بينها حتى لقد أمر النبي صلى الله عليه وسلم بتعيين القائد في أقل التجمعات البشرية حين قال عليه الصلاة والسلام ((إذا خرج ثلاثة في سفر فليأمروا أحدهم)) ؛ رواه أبو

داوود ، قال الخطابي : إنما أمر بذلك ليكون أمرهم جميعاً ولا يتفرق بهم الـرأي ولا يقـع بيـنهم الاختلاف . وقديماً قال القائد الفرنسي نابليون ((جيش من الأرانب يقوده أسد ، أفضل من جيش من أسود يقوده أرنب)) وعليه فأهمية القيادة تكمن في:

١- أنها حلقة الوصول بين العاملين وبين خطط المؤسسة وتصوراتها المستقبلية .

٢- أنها البوتقة التي تنصهر داخلها كافة المفاهيم والاستراتيجيات والسياسات .

٣- تدعيم القوى الايجابية في المؤسسة وتقليص الجوانب السلبية قدر الإمكان .

٤- السيطرة على مشكلات العمل وحلها ، وحسم الخلافات والترجيح بين الآراء .

٥- تنمية وتدريب ورعاية الأفراد باعتبارهم أهم مورد للمؤسسة ، كما أن الأفراد يتخذون مـن القائد قدوة لهم .

٦- مواكبة المتغيرات المحيطة وتوظيفها لخدمة المؤسسة .

٧- أنها التي تسهل للمؤسسة تحقيق الأهداف المرسومة (العدلوني والسويدان، د.ت)

إن أهم المسئوليات التي يجب أن يتحملها رجـل الإدارة بشكل عـام هـي القيـام بالـدور المزدوج والمتعارض الذي يتمثل في المحافظة والتجديد ، فهو يحاول أن يحقق الثبات والاستقرار في عمله دون اضطراب ، ومن ناحية أخرى عليه أن يجدد في أساليب العمل وطرق الأداء بمـا يحقـق الدافعية المتجددة لبرامجه ، وقد يترتب على هذا اهتـزاز في إطـار العمل ربمـا يسبب لـه الحيرة والارتباك . فالناس يخافون

من الجديد لأنهم آلفو القديم وعرفوه وخبروا حلوه ومره أما الجديد فهو في طي المجهول ويحتاج أن يكيفوا أنفسهم معه.

لعمل هو تحقيق الهدف منه ، وهذا يقضي منه تهيئة جو الاستقرار حتى يسير العمل في إطاره الطبيعي وفي الوقت نفسه يحاول بذكائه وبصيرته أن يدخل التجديدات التي يراها مناسبة وبصورة تدريجية وبعد تهيئة الأفراد لها ، فكثير من التجديدات التعليمية تنتهي بالفشل بل وتموت بعد فترة وجيزة من إدخالها لأن القائمين عليها ينصرفون عنها لممارسة الأساليب القديمة التي عرفوها وخبروها .

ومن هنا كان من الضروري التخطيط لإدخال التجديدات التربوية بوعي وبصيرة وهذا يتطلب تفهما عميقا من جانب القيادات التربوية لطبيعة التجديد وضمانات نجاحه فان لم يتم ذلك حدثت الأخطاء والانحرافات والإهمال والتقصير وسوء الاستعمال للأجهزة والأدوات ، وواجب رجل الإدارة التعليمية أن يتعرف على موضع الخلل ويحدده وهذا ما يمليه عليه دوره في الرقابة والإشراف ، ولكن ما هي وسائل القيادة التربوية في التعرف على مواطن الضعف والخلل في العملية التربوية ؟ هناك وسائل متنوعة يمكن من خلالها متابعة المسيرة التربوية فهناك تقارير متابعة العمل والبيانات الإحصائية والزيارات الميدانية والوقوف على سير العمل بطريقة مباشرة والاستفسارات ونتائج عمليات التقويم للجوانب الكمية والنوعية وغيرها من الوسائل الكثيرة التي تستطيع من خلالها القيادات التربوية أن تكون صورة واضحة عن العمل ، ومن الوسائل الحديثة التي يستعان بها أيضا في هذا السبيل وضع نظام جيد وفعال للإشراف والرقابة

واستخدام الأساليب العلمية في قياس معدلات الأداء ، والنظم الحديثة في تحليل المادة العلمية ومعالجة المعلومات والبيانات .

مبادئ القيادة التربوية:

تستند القيادة التربوية إلى المبادئ التالية (الزهيري، 2006).

أ- الاعتماد على المشاركة والتفاعل الاجتماعي بين الرئيس ومرؤوسيه.

ب- المركز الوظيفي لا يعطي بالضرورة القيادة فليس كل من يشغل مركزاً رسمياً قائداً.

ج- القيادة في أي تنظيم أو مؤسسة ممتدة وواسعة الانتشار، فالقائد يمارس دوره على نوابه الفرعيين وهؤلاء يمارسون دورهم على مرءوسيهم، ويكون دور القائد أيضا علاوة على عملية القيادة، عليه التنسيق والتنظيم داخل المؤسسة.

د- معايير أو مبادئ المجموعة هي التي تقرر من هو القائد، فالمجموعة تعطي القيادة للأشخاص الذين ترى فيهم سنداً لمبادئها.

هـ- مميزات القيادة ومميزات التبعية قابلة للتبادل، فالقائد في موقف ما يمكن أن يكون تابعا في موقف آخر.

و- أن الأشخاص الذين يبالغون في عمليات الإقناع، أو يعطون برهاناً برغبتهم في السيطرة لا يصلحون لتولي أدوار القيادة. ي- أن يكون الشخص الذي يمارس القيادة معنياً بمشاعر الناس الذين يقودهم، وحاجاتهم، ولا يزعجه تصريحاتهم وتصرفاتهم.

مهارات القائد:

هناك العديد من الدراسات والنظريات التي تناولت تحليل السلوك الذي يقوم به القائد، حيث ركّزت على القادة أنفسهم بحثاً عن الخصائص التي تجعل من شخص معين قائداً، ومن خلال البحث استطاع الباحث حصر هذه النظريات بنظريات السمات، والرجل العظيم (التقليدية)، والنظريات السلوكية، والنظريات الموقفية.

إن القيادة المبدعة تتضمن تحرير القوى المبدعة في المؤسسة من خلال إزالة الخوف وزيادة الثقة، وتسهيل التواصل، والتخفيف من قيود الضبط غير اللازمة، وغير ذلك من المتغيرات التي قد تحيط بالموقف القيادي (الطويل، 1997).

ويذكرجاردنر(Gardner, 1988) المهارات التي يجب أن يمتلكها القائد التربوي، ومنها: القدرة على الاحتمال (درجة عالية من الطاقة والحيوية)، والذكاء والحكمة العملية، والاستعداد لتحمل المسؤولية، وامتلاك الكفاءات المهنية في مجال العمل الذي يتصدى لقيادته، وفهم المرؤوسين الذين يقودهم ومعرفة احتياجاتهم، ومهارات التعامل مع الناس، وامتلاك الطموح والحاجة للإنجاز، والقدرة على إثارة الدافعية لدى المرؤوسين، والشجاعة والاستعداد للمغامرة، والثبات على الموقف، والقدرة على الفوز أو تحقيق النجاح مع المحافظة على ثقة المنافسين، والقيام بمخاطرات العمل بثقة، والقدرة على التأثير في الآخرين، والتكيف مع الظروف المحيطة والتعامل معها بمرونة.

وتهدف القيادة إلى التأثير التوجيهي في سلوك العاملين أفراداً وجماعات، وتنسيق جهودهم وعلاقاتهم، وضرب المثل لهم في الأفعّال والتصرفات بما يكفل

تحقيق الأهداف المنشودة، هذا وقد تأكدت أبعاد القيادة من خلال افتراض أن المجموعة العاملة تشترك في العديد من الاحتياجات، ويورد الخطيب والخطيب (1987) أهم هذه الاحتياجات، وهي: الحاجة إلى أهداف واضحة يسعى الأفراد إلى تحقيقها، وحاجاتهم إلى أن يعملوا مع بعضهم كفريق وأن يتم تحفيزهم كفريق، وبمعنى آخر الحاجة إلى التماسك والتلاحم الاجتماعي، والتركيز على الحاجات الشخصية التي يتم إشباعها من خلال العمل.

ونظراً لهذا الدور الحاسم للسلوك للقيادي في تأثير القائد على مرؤسيه، وعلى العمل الإداري بأكمله، فقد استحوذت القيادة التربوية على اهتمام الكثير من الباحثين في السلوك الإداري التربوي، بحيث أصبح السلوك االقيادي التربوي مجالاً خصباً للعديد من الدراسات والأبحاث التي تناولت مفهوم القيادة وأنماطها.

وتأثرت العلاقة بين القائد ومرؤوسيه بظهور مفاهيم متباينة وفلسفات متنوعة حول ما هية العلاقة بين القائد ومرؤوسيه هل هي علاقة تسلط وسيطرة أم هي علاقة تعاطف وتآخٍ أم هي علاقة تجمع بين العلاقتين؟

لذلك ظهرت أنماط وأساليب متعددة للقيادة الإدارية يمكن استعراضها على النحو التالي:

أولاً: القيادة الأوتوقراطية: يتميز القائد الأتوقراطي بمحاولة تركيز كل السلطات والصلاحيات في يده، فهو يتولى القيام بكل صغيرة وكبيرة فلا يشرك معه أحد في مباشرة وظيفته، فهو يتخذ من المركزية المطلقة أسلوبًا في العمل، فهو لا يفوض سلطاته حتى البسيطة منها، بل يسعى دائما لتوسيع دائرة سلطاته وصلاحياته.

وينفرد القائد في هذا النمط بوظيفة اتخاذ القرارات ووضع السياسات والخطط دون مشاركة من مرؤوسيه أو حتى استشارتهم في ذلك.

ثانياً: القيادة الديمقراطية: تقوم فلسفة هذه القيادة على مبدأ المشاركة وتفويض السلطات، فالقائد الديموقراطي يتفاعل مع أفراد الجماعة ويشركهم في عملية اتخاذ القرارات.

ويتوسع في تفويض السلطات والصلاحيات لمرؤوسيه، فهو يباشر مهامه من خلال جماعية التنظيم. فالسياسات تتحدد من خلال الاتفاق والمناقشة الجماعية لأعضاء التنظيم، وتلعب القيادة دورها في بلورة ما تتفق عليه الجماعة من آراء وأفكار إلى قرارات وسياسات، فالقرار في النهاية يأتي من تفكير ومبادرة الجماعة، ومن مزايا هذا الأسلوب رفع معنويات المرؤوسين، وخلق الثقة في نفوسهم، وزيادة التعاون، ومضاعفة الإنتاج، وفي هذا الأسلوب يشعر أفراد التنظيم بأن القرار قرارهم فيتمسكون به ويعلمون على تنفيذه التنفيذ السليم لارتباطهم العضوي به.

صلاحية القيادة:

لقد اتضح لنا الأسلوب القيادي المثالي هو الذي يتفق مع توقعات وأماني وخبرات جماعة معينة في ظروف معينة، وأن القيادة الصالحة هي القيادة القريبة من الواقع، وأن ممارسة القيادة تتطلب أن يكون القائد قادرًا على إدارة وقته، ولديه القدرة على التأثير في سلوك الجماعة، وقادرًا على التفاهم مع جميع أفرادها، وأن يكون لديه القدرة على رؤية التنظيم الذي يقوده، وفهمه للترابط بين أجزائه ونشاطاته، وفهمه للبيئة الخارجية بأشكالها وصورها وتنظيماتها المختلفة، وأن

يكون القائد ذا مرونة عالية، فيستطيع أن يكف نفسه مع المواقف التي لا يمكن تغييرها، وبذلك تكون لديه القدرة على المواقف الحرجة وتحملها، كما تكون لديه القدرة على اتخاذ القرارات المناسبة، ولعل من أهم واجبات القائد أن يكون قدوة حسنة للجماعة، فيلزم نفسه قبل غيره من أفراد الجماعة بالسلوك القويم، والالتزام بما يتطلبه عمله من صبر وأمانة وتضحية، وأن يتحلى بالخلق الكريم وأن يتصف بالتواضع والاستقامة، وأن يكون متفهمًا لأهداف المنظمة مقتنعًا بها، مؤمنًا بإمكانية تحقيق هذه الأهداف لما فيه خير المنظمة وصالح أفرادها.

بعض الاعتبارات التي تجعل من القائد صالحًا لعملية القيادة:

١- **الاقتناع بأهداف المنظمة:** من أهم السمات التي يتصف بها القائد، القدرة على وضع الخطة المناسبة، بمعنى رسم السياسة الكفيلة بتحقيق الأهداف المنشودة والغايات المأمولة. والقائد إذا لم يكن مؤمنًا ومقتنعًا بأهداف المنظمة فإنه لا يستطيع أن يقنع الآخرين، بالاقتناع بالأهداف وإمكانية تحقيقها سوف يبعث على الحماس والتفاني لدى أفراد المنظمة، فالقائد المؤمن بالهدف المقتنع بإمكانية تحقيقه سوف يملأ نفوس مرؤوسيه بالحماس ويرفع من روحهم المعنوية ويجدد طاقاتهم ويدفعهم للمزيد من البذل والعطاء.

٢- **التطلع إلى الأمام:** تتطلب القيادة الناجحة الطموح وعدم الركون للجمود، فالقيادة تتطلب العمل المتواصل لإحداث التغيير وتحقيق التطوير، ذلك أن التجديد والابتكار والإبداع سمات يجب أن يتحلى بها القائد ليجعل من يوم المنظمة أفضل من أمسها، وغدها أفضل من يومها.

٣- **فهم العوامل البيئية**:إن المنظمات على اختلاف أنماطها وأحجامها ووظائفها وأدوارها لا تعيش في فراغ، بل تعمل في إطار بيئات تحكمها، سياسية واقتصادية واجتماعية، ومسؤولية القائد تفرض عليه أن يراعي تلك الظروف المختلفة وتأثيراتها المحتملة على أعمال المنظمة ونشاطاتها.

٤- **التصرف على مستوى المسؤولية**:إن القيادة مسؤولية الالتزام، القيادة الناجحة ترتبط بالإقدام وليس بالإحجام، والقائد المسؤول هو الذي يرتفع بشخصيته وبوظيفته إلى مستوى المسؤولية.وتتجلى مسؤولية القائد عندما تسوء الأمور، وهنا تتطلع المنظمة إلى تصرف القائد ومعالجته للأمور، وهو الاختبار الحقيقي للقائد، فإن الشدائد تصنع الرجال، والقائد الناجح هو الذي يتصف بالشجاعة وقوة الإرادة، وهو الذي يدرك أن هناك أساليب عديدة لمواجهة الموقف الواحد.

٥- **مراعاة المصلحة العامة:** القائد الناجح هو الذي ينتمي إلى الجماعة ويؤثر المصلحة العامة على مصلحته الشخصية ويشجب كل مظاهر الموالاة والتحيز، ويعمل على إنجاز الأعمال في منظمته بكفاءة وفاعليه تقوم على العلاقات الإنسانية السليمة (الإدارة، 2005).

محددات فاعلية القيادة:

يرى علماء الاتجاه الحديث في الفكر الإداري بأنه يوجد عوامل ومتغيرات داخلية وخارجية تتفاعل مع بعضها لتؤثر في اختيار المدير لنمط قيادي معين، فلا يوجد نمط قيادي يصلح لكل زمان ومكان، فما يصلح لهذا الموقف وهذه الجماعة

فانه لا يصلح لموقف آخر وجماعة أخرى، فالنمط القيادي الفعال هو الذي يتناسب وطبيعة الموقف والجماعة (سلامة، 1999).

ويمكن إبراز هذه العوامل والمتغيرات بما يلي:

١- عوامل تتعلق بالقائد نفسه، فمهارات القائد وقدراته ومعتقداته وقيمه واتجاهاته وميوله وأهدافه تؤثر في نمط سلوكه مع التابعين، فإذا كان يحترم مرؤوسيه ويراعي مشاعرهم، ويثق بهم، فانه يسلك النمط الديمقراطي.

٢- عوامل خاصة بالموقف، حيث نجد أن لطبيعة الموقف أثر في نمط القيادة وأساليبها، ومن المتغيرات بطبيعة الموقف وضوح المهام، والأساليب والإجراءات وصعوبة العمل وتعقده، ونمط العمل وروتينه، ومستوى القدرات والمهارات التي يحتاجها، وكذلك طبيعة المشاكل وأولوية حلها، كل ذلك يؤثر في أساليب القيادة الفعالة.

٣- عوامل خاصة بالمرؤوسين، حيث تتفاوت قدرات وخبرات واتجاهات المرؤوسين كما يتفاوتون في حبهم للاستقلالية والاستعداد لتحمل المسؤولية وإيمانهم بالعمل الجماعي، والالتزام بأهداف المؤسسة، كل ذلك يؤثر في نمط القيادة وسلوك القائد.

٤- عوامل خاصة بالمؤسسة، فلكل مؤسسة أهدافها وثقافتها ومعاييرها ومناخها التنظيمي، إضافة إلى حجمها وتوزيعها الجغرافي وفروعها وهيكلها التنظيمي، وطبيعة سياساتها وخططها، هذه المتغيرات تؤثر في أسلوب القيادة الفعال، فالنمط القيادي في المؤسسة التربوية يختلف عن المؤسسة العسكرية أو الصناعية.

٥- عوامل بيئية، حيث تلعب المتغيرات الخارجية بالبيئة المحيطة كثقافة المجتمع والظروف الاقتصادية والسياسية والاجتماعية، دوراً واضحاً في التأثير على سلوك القائد ونمط القيادة (حريم، 1997).

نظريات القيادة:

هنالك العديد من النظريات في القيادة سنتناول في هذا المقام النظريات الآتية:

أولا: نظريات السمات والرجل العظيم (Traits and Great Man Theories)

تقوم هذه النظريات على افتراض مفاده أن هناك مجموعة من الخصائص التي تفسر القدرات القيادية عند البعض، وهي في مجموعها تكوّن ما يمكن تسميته بالرجل العظيم، وتتراوح هذه الصفات ما بين صفات ومظاهر جسمية فسيولوجية تتمثل بالشكل، ونبرة الصوت، والحجم، والوسامة، إلى صفات نفسية كالحماس، والثقة بالنفس، والقدرة على المبادأة، والنضج الاجتماعي، والخلق الجيد. وهناك القدرات الذهنية كالذكاء، والقدرة على التفكير والتحليل والشجاعة. وتضيف هذه النظريات أن القادة يولدون قادة، وأن الصفات القيادية موروثة (Herbert، 1976). وتعدُّ هذه النظريات الأقدم، وقد أثبتت الدراسات عدم صحتها؛ بسبب الصعوبات التي تواجهها في حصر هذه الخصائص أو قياسها (القريوتي، 1993).

ومن عيوب نظرية السمات أنه لاتوجد صفات ثابتة تحدد طبيعة القائد في كل الأوقات، لذلك فإنه ليس هناك ما يؤكد توافر سمات مشتركة بين القادة. بالإضافة لذلك فإن السمات المطلوبة للنجاح في القيادة تتغير من مجال إلى آخر، فالمجال التربوي يختلف عن المجال

العسكري، والمجال العسكري يختلف عن المجال السياسي، لذلك فإن التنبؤ بفاعلية القيادة في ظلّ تلك النظريات تعدُّ محددة وغير شاملة (أبو الخير، 1980).

ثانيا: النظرية السلوكية (Behavioral Theory)

تعدُّ هذه النظرية نقطة تحول في نوعية الدراسات حيث تغير اتجاه الباحثين من دراسة السمات إلى دراسة السلوك في محاولة لتحديد أنماط القيادة الفعَّالة، على أساس أن مؤشر القيادة الفعَّالة غير موجود في سمات القائد، ولكن قد يوجد في نمط معين من سلوك القائد. وتفترض هذه النظرية أن القائد الفعَّال يمتلك نمطا قياديا محددا لقيادة الآخرين، وذلك من أجل تحقيق الأهداف المتوخاه بأعلى درجة من الإنتاجية والروح المعنوية (Hanson,1979).

وكانت بداية الاتجاه السلوكي، هي دراسة كلّ من لوين و ليبيت و ووايت (1939) وقد اجريت هذه الدراسة في جامعة ايوا (Universityof Low) عام (1939)، حيث أمكن تصنيف القادة إلى ثلاثة أنماط واكتشاف إنتاجية مجموعة المرؤوسين ومعنوياتهم تحت تأثير كلّ نمط وهذه الأنماط، هي:

- النمط الاتوقراطي.
- النمط الديمقراطي.
- النمط التسيبي المتساهل .

والنمط الديمقراطي هو الأفضل، حيث يشارك القائد المجموعة في اتخاذ القرارات وتوجد درجة عالية من الواقعية والثبات في مستوى الأداء والرضا عن العمل وتؤدي المجموعة عملها بروح الفريق (Luthon, 1985). كما توصلت

الدراسات التي قامت بها جامعة اوهايو (University of Ohio) إلى تصنيف القادة في بعدين، هما:

البعد الأول: القائد المهتم بالعمل (Production Oriented Leader).

البعد الثاني: القائد المهتم بالعلاقات الإنسانية (employee Oriented Leader).

وفيما بعد ظهرت دراسات أخرى استفادت من هذه الأبعاد، ولكن بتسميات مختلفة (Gordon,1987) حيث قام فريق من جامعة ميتشغان بإجراء دراسات عدّة حول الأنماط القيادية السائدة في المؤسسات الرسمية، وقد قام ليكرت (Likert, 1961،1967) بتلخيص هذه الدراسات باستخدام الأبعاد السابقة الذكر ضمنيا وخرج بأربعة أنماط قيادية، هي:

النمط الأول: الآمر الناهي الذي يحاول استغلال مرؤوسيه.

النمط الثاني: الآمر العطوف الذي يتخذ من نفسه صفة الأب.

النمط الثالث: الديمقراطي الاستشاري الذي يطلب الاستشارة من مرؤوسيه، ولكنه ينفرد في صناعة القرار.

النمط الرابع: الديمقراطي المشارك الذي يطلب الاستشارة من مرؤوسيه ويتخذ القرار بالإجماع والأغلبية.

ويشير وهبي والمطوع (1991) إلى أن خلاصة دراسات جامعة ميتشيغان أن نمط القيادة المهتم بالمرؤوسين، والمهتم بالعمل يحقق إنتاجية أعلى، ويحقق أعلى رضا عند العاملين، أفضل من نمط القيادة المهتم بالإنتاج فقط. وذلك بسبب فقدان حماس المرؤوسين وتدهور الإنتاج. وطور هالبن (Halpin, 1966) استبياناً؛

لوصف سلوك القائد وذلك امتدادا لدراسات جامعة اوهايو. وقد حدد بعدين للنمط القيادي، هما:

بعد هيكلة المهام(InitiatingStructure): ويقصد به سلوك القائد في تحديد العلاقة مع العاملين، وطرق القيام بالعمل، وتوفير قنوات الاتصال داخل المنظمة.

بعد الاهتمام بالمشاعر الإنسانية (Consideration): ويقصد به سلوك القائد الذي يقوم على الثقة، والتفاهم والاحترام المتبادل بينه وبين العاملين. وفي ضوء هذين البعدين قسَّم هالبن (Halpin,1975) الأنماط القيادية إلى أربعة أنماط ، هي:

النمط الأول (عال، عال): نمط عالٍ في هيكلة المهام والاهتمام بالمشاعر، ويتميز القائد هنا بدرجة عالية من الاهتمام بهيكلة المهام والمشاعر الإنسانية، وامتاز هذا النمط بفعَّالية إدارية عالية، وعلاقات إيجابية عالية أيضاً بين الإدارة والعاملين كما وصفه العاملين.

النمط الثاني (عال، منخفض): نمط عالٍ في هيكلة المهام ومتدنٍ في الاهتمام بالمشاعر، ويتميز القائد هنا بدرجة عالية من الاهتمام بهيكلة المهام ودرجة متدنية من الاهتمام بالمشاعر الإنسانية. وكما أشارت نتائج هالبن (Halpin ,1957) إلى أن العاملين وصفوا هذا النمط بأنه قليل الفاعلية، وأن العلاقة بين أصحابه والعاملين معهم غير مرضية.

النمط الثالث (منخفض، عال) : نمط متدن في هيكلة المهام وعالٍ في الاهتمام بالمشاعر، ويتميز القائد هنا بدرجة متدنية من الاهتمام بهيكلة المهام،

ودرجة عالية من الاهتمام بالمشاعر الإنسانية. وكما أشارت نتائج هالبن (Halpin) إلى أن العاملين وصفوا هذا النمط بالفاعلية والعلاقة الإيجابية بين العاملين والمسؤولين.

النمط الرابع (منخفض، منخفض): نمط متدن في هيكلة المهام والاهتمام بالمشاعر، ويتميز القائد بدرجة متدنية من الاهتمام بهيكلة المهام والمشاعر الإنسانية. ودلّت النتائج على أن هذا النمط يتسم بفاعلية إدارية قليلة، وعلاقات غير مرضية مع العاملين. وقد أثبتت العديد من الدراسات والأبحاث بأن النمط الأول الذي يتصف بأنه عالٍ في هيكلة المهام والاهتمام بالمشاعر، هو الأكثر تحقيقاً للرضا الوظيفي وزيادة الإنتاجية (الأشقر، 1994؛ الشلالفة، 1993).

وباستخدام البعدين المستخدمين نفسيهما من جامعة اوهايو، والدراسات التي قام بها هالبن قام بليك وموتون (Blake& Mouton .1964 ،1986، 1987) بتطوير ما عُرف بالشبكة الإدارية (Grid Manageri) وتركز هذه الشبكة على خمسة أنماط للسلوك القيادي، ومن أجل تحديد كلّ نمط من هذه الأنماط تحدد الشبكة الإدارية بعدين رئيسين، هما:

بعد المبادأة في وضع إطار للعمل :(Initiating Structure)
وهذا البعد يبيّن سلوك القائد في تخطيط العلاقة بينه وبين العاملين معه، وتتضمن تحديد طرق من الإنجاز، والعلاقة بين القائد والعاملين وقنوات الاتصال داخل المؤسسة. ويرى هالبن في دراسته أن هذا البعد يهتم بالإنتاج أو العمل فيكون التركيز على زيادة الإنتاجية ويكون الاهتمام بالعمل وتصميمه، ويتميز

بالمركزية وعدم مشاركة العاملين في اتخاذ القرار مستخدماً أسلوب الثواب والعقاب كما أنه يصدر الأوامر ولا يأخذ برأي العاملين.

بعد الاعتبارية: (Consideration):

ويشير هذا إلى سلوك القائد الدّال على الصداقة والاحترام المتبادل والتعاون والتفاهم بين المدير والعاملين معه. وصور الباحثان هذين الاهتمامين على شكل شبكة مكوّنة من تسع نقاط على كلّ محور يمثل الرقم (1) الاهتمام المنخفض، والرقم (5) الاهتمام المتوسط، والرقم (9) الاهتمام العالي. وعليه فإن النمط القيادي يتحدد بدرجة الاهتمام بكلّ من العمل والعاملين. ويقسّم بليك وموتون كلّ بعد من أبعاد الشبكة الإدارية إلى تسع تقسيمات رئيسة. وعلى الرغم من أن هذه التقسيمات تسمح بتحديد (81) نمطا للسلوك القيادي، إلا أن النظرية حددت خمسة أنماط قيادية رئيسة:

النمط (1،1) يولي هذا النمط اهتماما منخفضا بالعمل والعاملين. كما أن القائد هنا يتجنب الالتزام بحاجات العاملين، ويهمل مشاعرهم، ولا يشارك في مصلحة العمل، أو العاملين. والعاملون مع هذا النمط لا يشعرون بإشباع حاجاتهم. وعليه فإن رضاهم عن العمل يكاد يكون معدوماً.

النمط (9،1) ويولي هذا النمط اهتماما عاليا بالعمل ومنخفضا بالعاملين، فالقائد هنا هو الضابط والموجه للعمل، حيث يستخف بمشاعر العاملين ويتجاهل قدراتهم، كما أنه يكثر الاهتمام بتنفيذ القوانين وأداء الواجبات.

النمط (1،9) ويولي هذا النمط اهتماما عاليا بالعاملين ومنخفضا بالعمل، ويميل إلى تحقيق رضا العاملين على حساب العمل.

النمط (5،5) ويمثل هذا القائد نمطا متوسطا ومعتدلا في الاهتمام بالعمل والعاملين بشكل قد يحقق الانسجام، وبالتالي من الممكن أن يؤدي إلى درجة عالية من الرضا الوظيفي لدى العاملين.

النمط (9،9) ويولي هذا النمط اهتماما عاليا بالعمل والعاملين معا، حيث يشجّع على التعاون والعمل الجماعي والإبداع والإبتكار، ويساعد العاملين على حلِّ مشكلاتهم، وكذلك فإن الرضا عن العمل لدى العاملين تحت هذا النمط يكاد يكون دائما ومتواصلا (Martin and Lundberg،1991) ويرى خصاونه (1986) أن النمط (9،9) يؤدي إلى رضا أكبر عن العمل وإنتاجية مرتفعة. ويلاحظ من وصف الأنماط القيادية للشبكة الإدارية أن هناك اتفاق مع ما توصل إليه هالبن في توصيفه للأنماط القيادية، ولكن بليك وموتون قاما بإضافة النمط (5،5)، حيث يقوم القائد بعمل نوع من التوازن بين البعدين الرئيسين للسلوك القيادي، ويظهر القائد اهتماما متوسطا ومعتدلا بالعمل؛ أي أنه يحافظ على التوازن بين بعدي العمل والعاملين، حيث لا يطغى أي من البعدين الإنساني والإنتاجي على الآخر (Blake& Mouton , 1964).

ولقيت الشبكة الإدارية قبولاً واسعا، وأثبتت فعَّاليتها كأسلوب للتطوير التنظيمي، ولكن أي نمط من هذه الأنماط الخمسة أفضل؟ يجيب عن هذا السؤال بليك وموتون بأنه في ضوء البرامج التي قدماها للتطوير التنظيمي من خلال الشبكة الإدارية فإن (99.5 %) من المشتركين يعتقدون أن النمط (9،9) هو أفضل نمط يليه بالأفضلية النمط (1،9)، والثالث في ترتيب الأفضلية هو النمط (5،5) (صبيح، 1981).

وفي دراسة محجوب (1983) التي هدفت إلى تحديد أنماط المديرين العاملين في إحدى الشركات الكبرى في السعودية، أسفرت هذه الدراسة عن أن المدراء الذين يمارسون النمط (9،9) يتصدرون القائمة بالأفضلية يليه حسب الترتيب النمط (1،9) ثم النمط (5،5). وتوصلت دراسات أخرى إلى عدم وجود دعم تطبيقي للنمط القيادي (9،9)، ويعود هذا للظروف السياسية والإقتصادية والبيئية. حيث توصل أحد الباحثين إلى أن البيئة الصينية تختلف عن البيئة الأمريكية، حيث دلّت النتائج على صلاحية النمط (9،1) بالنسبة للمجتمع الصيني وصلاحية النمط (1،9) و(9،9) في البيئة الأمريكية (بطاح، 1979).

وتعدُّ نظرية الشبكة الإدارية من أكثر النظريات انتشارا فقد ترجمت إلى (12) لغة لاستخدامها في تحسين أساليب الاختيار للوظائف القيادية والتدريب والتطوير في أداء العاملين (البنا، 1987).

ثالثا: النظرية الموقفية (Contingency Theory)

إن القيادة وفق هذه النظرية تنطلق من أنه لا وجود لنمط قيادي مفضّل، أو مثالي يصلح للقيادة في كلّ الأوقات، أو الظروف وأن محك فعَّالية القائد هو نجاح المؤسسة، ونجاح أفرادها في تحقيق أهدافهم، فالقادة ليسوا جامدين، بل يكيفون أسلوبهم وفق المواقف المختلفة (الطويل، 1986). ووضع فيدلر (Fiedler,1967) النموذج الموقفي في القيادة بناءً على افتراض مفاده أن فعَّالية القيادة ترتبط بمدى التوافق بين النمط القيادي الذي يقوم به القائد وخصائص الموقف الذي يتكون من ثلاثة أبعاد أساسية، هي:

- علاقة القائد بالعاملين **(Leader-Member relations)**.

- علاقة المهام (Task structure) .

- قوة مكانة القائد (Position Power).

لقد طوّر فيدلر استبياناً يحتوي على (16) صفة ثنائية القطبية تحـدد طبيعـة العلاقـة بـين القائد والعاملين على أساس درجة إنتاجيتهم. وطوّر كلّ من بلانشرد وهـيرسي , Blanchard&Hersey (1974) نظرية دورة الحياة للقيادة بناءً على افتراض مفاده أنه بزيادة درجـة نضـوج العـاملين فـإن السلوك القيادي الملائم يحتاج إلى درجات متباينة من الاهتمام بالعمل، والعلاقـات بـين العـاملين وهذا يؤدي إلى عدم وجود نمط قيـادي فعّـال، وإن لكـلّ ظـرف نمـط خـاص بـه. وقسـم بلانشـرد وهيرسي الأنماط القيادية إلى أربعة أنماط، هي:

النمط الآمر Telling (اهتمام عالٍ – متدنٍ بالعلاقات).

النمط الداعم Selling (اهتمام عالٍ – عالٍ بالعلاقات).

النمط التشاركي Participating (اهتمام متدنٍ بالعمل– عالٍ بالعلاقات).

النمط التفويضي Deleaging (اهتمام متدنٍ بالعمل– متدنٍ بالعلاقات).

ويقصد بدرجة النضوج: قدرة العاملين ورغبتهم في تحمل المسؤولية والقيام بالعمل.

ويقدم بلانشرد وهيرسي أربع درجات للنضوج، هي:

الدرجة الأولى: حيث لا توجد لدى العاملين القدرة، أو الرغبـة عـلى تحمـل المسـؤولية والقيـام بالعمل، وهذا يتطلب من القائد أن يكون واضحا ومحددا في توجيهاته.

الدرجة الثانية: حيث لا توجد قدرة لدى العاملين ولكن توجد لديهم الرغبة للقيام بالعمل، ولذلك فالمهارات الضرورية غير متوافرة، وهذا يتطلب قائدا من النوع الداعم.

الدرجة الثالثة: حيث توجد القدرة لدى الأفراد، ولكن لا تتوافر لديهم الرغبة للقيام بالعمل وهذا يتطلب قائدا من النمط التشاركي.

الدرجة الرابعة: حيث توجد القدرة والرغبة لدى العاملين للقيام بالعمل المطلوب. وهنا القائد لا يحتاج للعمل الكثير. و يلاحظ من نموذج بلانكرد وهيرسي أن القيادة عملية تعتمد على الموقف حيث أن درجة نضوج الأفراد هي التي تحدد طبيعة النمط القيادي المطلوب. وأظهرت النظريات القيادية السابقة أهمية البحث عن النمط القيادي الفعَّال الذي يتحدد في ضوئه الاهتمام ببعدين رئيسين، هما العمل والعاملين. حيث أشارت نتائج هذه الدراسات إلى أن القيادة التي تظهر الاهتمام بحاجات العاملين، وتؤكد على تحقيق أهداف العمل، هي أكثر أنماط القيادة نجاحاً في تحقيق معنويات مرتفعة بين الأفراد وتحقيق إنجازات متميزة.

قائمة المصادر والمراجع:

المراجع باللغة العربية:

أبو الخير، كمال حمدي. (1980). أصول الإدارة العلمية،مكتبة عين شمس، القاهرة، مصر.

أبو سن، أحمد إبراهيم. (1986). الإدارة في الإسلام، المطبعة المصرية ، الإمارات العربية المتحدة.

الأشقر، وفاء محمد علي. (1994). الأنماط القيادية السائدة في جامعتي اليرموك والعلوم والتكنولوجيا كما يرها أعضاء هيئة التدريس. رسالة ماجستير غير منشورة، جامعة اليرموك، الأردن.

بطاح، أحمد. (1979). تأثير نمط قيادة مدير المدرسة على علاقتها الهيئة وروحها المعنوية. رسالة ماجستير غير منشورة، الجامعة الأردنية، الأردن.

البنا، كمال عبد المحسن. (1987). التوافق النفسي ـ للمديرين: دراسة عن العلاقة بين النمط الإداري ونوع الاضطرابات السيكوسوماتية في الصناعة، رسالة دكتوراه غير منشورة، جامعة عين شمس، مصر.

حريم، حسين.(1997). السلوك التنظيمي ـ سلوك الأفراد في المنظمات. عمان: دار زهران للنشر والتوزيع.

حمادات، محمد حسن.(2006).القيادة التربوية في القرن الجديد(الطبعة: الأولى).عمان: دار الحامد للنشر ـ والتوزيع.

خصاونة، سامي عبد الله. (1986). أساسيات في الإدارة المدرسية، جمعية المكتبات الأردنية، الأردن.

الخطيب، احمد ورداح، الخطيب. (1987). الإدارة والإشراف التربوي: اتجاهات حديثة. دار الندوة ، الأردن.

الخطيب، رداح والخطيب، أحمد والفرح وجيه. (1988). **الإدارة والإشراف التربوي (اتجاهات حديثة)**، دار الندوة، الأردن.

الزهراني، علي بن صالح. (1993). **السلوك القيادي لرؤساء الأقسام الأكاديمية وعلاقته بالروح المعنوية لأعضاء هيئة التدريس** في جامعة الملك سعود بالرياض، رسالة ماجستير غير منشورة. جامعة الملك سعود، السعودية.

السحيمي، متعب رابح. (2002). **السلوك القيادي لعمداء كليات المعلمين في المملكة العربية السعودية كما يراها أعضاء هيئة التدريس**. رسالة ماجستير غير منشورة. جامعة اليرموك، الأردن.

سلامة، كايد محمد .(1989). **القيادة الفعالة(ورقة عمل)**، دائرة التعليم المستمر، جامعة اليرموك اربد.

الشلالفة، شاكر عبد المنعم. (1993). **العلاقة بين إدراك المدير لنمطه القيادي وإدراك المعلمين لهذا النمط وأثر هذه العلاقة في مستوى الروح المعنوية لدى المعلمين وذلك في المدارس الثانوية الأكاديمية التابعة لمديريتي التربية والتعليم لعمان الكبرى الأولى والثانية**. رسالة ماجستير غير منشورة.الجامعة الأردنية، الأردن.

شوقي، طريف. (1992).**السلوك القيادي وفعّالية الإدارة**، مكتبة غريب، القاهرة، مصر.

صالح، نزار رشاد. (1997). **تصورات القادة التربويين نحو نمط القيادة السائدة في مديريات التربية والتعليم في محافظة إربد**. رسالة ماجستير غير منشورة، جامعة اليرموك، الأردن.

صبيح، نبيل أحمد. (1981). **القيادة الإدارية في إطار منهج وفلسفة النظم**. الشركة الحديثة للطباعة، قطر.

صليبيا، جميل. (1972). **اختيار القادة الإداريين وإعدادهم ، بحث مقدم إلى حلقة الإدارة التعليمية في البلدان العربية**، بيروت ،لبنان.

الطوالبة، محمد عبد الرحمن. (1982). **أنماط السلوك القيادي لمدير المدرسة الثانوية وأثرها في العلاقة بين الإدارة والمعلمين وتصورات المعلمين لفاعلية الإدارة في الأردن**. رسالة ماجستير غير منشورة، جامعة اليرموك، الأردن.

الطويل، هاني عبد الرحمن. (1986). **الإدارة التربوية والسلوك المنظمي: سلوك الأفراد والجماعات في النظم، شقير وعكشة**، مطبعة كتابكم، الأردن.

الطويل، هاني عبد الرحمن. (1997). الإدارة التربوية والسلوك المنظمي. دار وائل لطباعة للنشر، عمان ، الأردن.

عبد الرحيم ، زهير. (1996). أنماط السلوك القيادي لدى مديري المدارس الأساسية في محافظة إربد وعلاقتها في الرضا الوظيفي لدى المعلمين من وجهة نظر المعلمين. رسالة ماجستير غير منشورة، جامعة اليرموك، الأردن.

العمري، خالد. (1992). السلوك القيادي لمدير المدرسة وعلاقتها بثقة المعلم بالمدير وبفاعلية المدير من وجهة نظر المعلمين: مجلة أبحاث اليرموك . سلسلة العلوم الإنسانية والاجتماعية،العدد 2، ص ص143-174.

القريوتي، محمد قاسم. (1993). السلوك التنظيمي ، المكتبة الوطنية ، الأردن.

محجوب، سر الختم. (1983). الشبكة الإدارية- دراسة في أنماط السلوك الإداري وتطوير المنظمات، مكتبة العلم، جدة، السعودية.

المدهون، موسى. (1987). القيادة الإدارية،معهد الإدارة العامة، عمان ، الأردن.

مرسي، محمد منير. (2001).الإدارة المدرسية الحديثة، عالم الكتب، القاهرة، مصر.

معايعة، عادل موسى. (1995).أثر النمط القيادي عند عمداء الكليات في الجامعات الأردنية الحكومية كما يراها أعضاء الهيئات التدريسية فيها على الرضا الوظيفي لديهم. رسالة ماجستير غير منشورة، جامعة اليرموك، الأردن.

المغيدي، الحسن بن محمد والناجي، محمد بن عبد الله. (1994). الأساليب القيادية لعمداء الكليات بجامعة الملك فيصل بالمنطقة الشرقية. مجلة اتحاد الجامعات العربية،العدد 29،ص ص 142-168.

النعيمي، فلاح .(1994). أثر عوامل الموقف في السمات القيادية ، دراسة ميدانية لمدراء بعض المنظمات الصناعية العراقية . مجلة أبحاث اليرموك ،10(1)،ص ص 179-251.

نوافلة، محمد توفيق. (1993). السمات الشخصية والسلوك القيادي للخليفة عمر بن الخطاب- رضي الله عنه- . رسالة ماجستير غير منشورة، جامعة اليرموك، الأردن.

وزارة التربية والتعليم الأردنية. (1989). **التطوير التربوي والبرامج والمشروعات**. رسالة المعلم،العدد 30،ص ص 1-2.

وهبي، السيد والمطوع، محمد. (1991). **أنماط القيادة الإدارية والإشراف التربوي في مدارس التعليم العام بدولة الإمارات العربية المتحدة**. مجلة كلية التربية،العدد 6.

لمراجع باللغة الإنجليزية:

Altman، Steven، and Hodgetts، Richard M. (1979). Organizational behavior. Philadelphia: Sunders Company.

Berg. K. H. (1993). Leadership Styles and Personality Types of Minnesoto School Superintendents. Dissertation Abstract International، 54(1)، 34A.

Blak، R. And Mouton. J. (1964). The Managerial Grid. Houston ،Texas: Gulf Publishing Co.

Blak، R.And Mouton. J. (1987). The managerial grid: The way to leadership excellence. Houston، Texas: Gulf Publishing Co.

Blak، R.And Mouton.J. (1986).Executive achievement. Singapore: McGraw- Hill Inc.

Blanchard، K، and Hersey، P. (1974). So you want to know your leadership style? Training and Development Journal، February، 22-37.

Callahan ،R، Fleenor، C، and Knudson، H. (1986). Understanding Organizational Behavior. A Managerial Viewpoint. Ohio: A Bell& Howell Company.

Coats، J، L. (1993). Situational Leadership. A study of the perceived leadership styles of deans of students at selected liberal arts colleges. Dissertation Abstract International، 53 (10)، 3404-A.

Fiedler، F. (1967). Atheory of Leadership Effectiveness. New York: McGraw Hill.

Ford، M. E. (1998). Educational Administration and Organizional Behavior، boston، Allyn and Bacon Inc.

Freitas، A. L. (1993). The Relationship Between Leadership Style of the Principle and Teacher Readness to Change in Elementary Schools. Dissertation Abstract International. 54 (4) 1167-A.

Gardner، P. Dale /Stevenson، Robert L(1988)، Communication development in Venezuela and Mexico : goals ، promises ، andveality، Columbia:Journalism Monographs

Geanings، E. (1972). An Anatomy of Leadearship، Mc.Graw-Hill book Co. N. Y. PP. 8-10.

Glasman، N. S. (1984).Student Achievement and The School Principal. Educational Evaluation and Policy Analysis،6(3)،pp.238-296.

Gordon، J. R. (1987).Adiagnostic Approach to organizational behavior. Boston: Allyn and Bacon Inc.

Gubanish، R. C. (1992). The relationship between leadership style and burnout among college university president. Dissertation Abstract International، 35 (1)، 79-A.

Hanson، M. E. (1979). Educational Adminstration and Organizational Behavior. Boston، Allyn and Bacon Inc.

Haplin، A. W. (1957). Manual for the Leader behaviour description Questionnaire. Columbus، Ohio.

Haplin، Andrew. (1966). Theory& Research in Administration. New York: Mcmillian.

Hardie، J. W. (1993).The relationship between principal and teacher student achievement. Dissertation Abstract International،53 (1)، 2183 -A.

Herbert، T. T. (1976). Dimensions of Organizational Behavior.New York: Macmillan Publishing Co Inc.

Hoy، W. K; and Miskel، C. G. (1978). Educational Administration theory –research and practice، New York Random House.

Hyler. L. R. (1993). relationship style of secondary school administrators in selected Kansas's public school as related to gender and selected demographic variables. Dissertation Abstract International. 54 (1). 43-A

Janice, M. G. (1985). Leadership as an aspect of Organizational climate job satisfaction and perceived Organizational effectiveness. Dissertation Abstract International, 46 (11), 3206 -A.

Jreisat. E. (1996). Organizational Management: Explortions at the Westren Frontiers. paper presented to the second conference of public administration Yarmouk University. Irbid. Jordan. (November 25-27).

Likert, R. (1961).New pattern in management. New York: McGraw Hill Book Co.

Likert, R. (1967).The Human organization: its management and value. New York: McGraw Hill Co.

Luthon, F. (1985). Organizational behavior.4th edition New York: McGraw – Hill Inc.

Martin , R. J; and Lundberg, D. E. (1991). Human relation for the hospitality industry. New York: Van Nostrand Reinhold.

Ortyoande. (1984). The relationship Between Demographic Factos and Leader Behavior of department chairpersons of colleges of education in Michigan. Doctoral dissertation , western Michigan University.

Smith, M. (1991). Analysing Organizational Behavior. Hong Kong: Macmillian.

Soviak, J. E. (1999) The Morale of University Faculty and The perceived Leadership Behavior of The Department Heads of Three Universities in The Gulf Area of Texa, Doctoral dissertation, Texas southern University.

Xu, Z. L. (1993). The relationship between leader ship behavior of academic deans in public universities and job satisfaction department chairpersons. Dissertation Abstract International , 53 (12), 4167-A.

الفصل الثاني

التمكين الإداري

مقدمة:

يعد " تمكين العاملين" أحد المداخل الحاكمة لتحسين إدارة الأزمات والتعامل معها بكفاءة وفعالية ، حيث يعمل على إعطاء العاملين الصلاحيات والمسؤوليات ومنحهم الحرية لأداء العمل بطريقتهم ، دون تدخل مباشر من الإدارة ، مع توفير كافة الموارد ، وبيئة العمل المناسبة وتأهيلهم فنياً وسلوكياً لأداء العمل والثقة المطلقة فيهم.

ويعتبر التمكين الإداري للعاملين هو الصيحة التي تتردد مؤخراً في مجال تطور الفكر الإداري بعد أن تحول الاهتمام من نموذج منظمة التحكم والأوامر إلى ما يسمى الآن بالمنظمة الممكنة، حيث يعتبر مدخل التمكين ذو صلة باتجاهات التطوير السائدة والمتعلقة بتنمية الجانب الإنساني داخل المؤسسة.(أفندي، 2003).

كما يعد الجانب الإنساني وادارة الموارد البشرية موضوعاً مهماً؛ لأن الإنسان هو المسؤول الأول والأخير عن الفشل والنجاح لأي شركة من الشركات أو مؤسسة من المؤسسات. لذلك كان الاهتمام به وبإدارته وبتوجيهه وتحفيزه، من أهم الأمور التي تكاد تفوق أهميتها كل القضايا الأخرى المتعلقة بالمال والتكنولوجيا والهيكل والتصميم، وغيرها من الأمور الملموسة (Pfeffer, 1994 .)

ويأتي التمكين الإداري ليكون موضع الاهتمام من قبل بعض الباحثين وذلك لترسيخ روح المسؤولية والاعتزاز لدى العاملين في مجال الإدارة،ويعتبر الأساس السليم الذي يمكن الإداري من ممارسة السلطة الممنوحة له،وتحمل مسؤولية وظيفته وقراراته.

وقد اكتسب موضوع التمكين الإداري انتشارا واسعا في أواخر الثمانينات، من ناحية التطبيق العملي ،إلا أن الاهتمام به من الناحية النظرية ما زال قليلاً حيث أن المؤلفات فيه ما زالت قلية ليست بتلك المؤلفات التي يمكن أن نقول أنها أعطت موضوع التمكين الإداري حقه كباقي الموضوعات الأخرى وخاصة الأدبيات العربية، فما زال الاهتمام به قليلا، ويعد موضوع التمكين الإداري من الموضوعات الحديثة والتي بدأ الاهتمام بها يتزايد منذ أواخر التسعينات في الإدارة العربية عامة و الإدارة الأردنية خاصة،إذ أن إدراك أهمية هذا الموضوع ما زال محدوداً.

ويعتبر مدخل التمكين الإداري ذو صلة أكيدة باتجاهات التطوير السائدة والمتعلقة بالجانب الإنساني داخل المؤسسة التعليمية بشكل خاص و المؤسسات الأخرى بشكل عام ، وهذا المدخل يقوم على فلسفة جديدة قوامها إلا يكون تركيز المدير على التنظيمات المنافسة، و إنما على العاملين لديه في المقام الأول،فقد يشكل العاملون تهديدا كبيرا على إمكان نجاح المؤسسة ، وعلى هذا تعد العلاقة بين المديرين والعاملين في المؤسسة حجر الأساس لنجاح تبني أساليب التطوير داخل المؤسسات المختلفة.

مفهوم التمكين الإداري:

عرف العديد من الكتاب والباحثين التمكين الإداري ومن هذه التعريفات:

عـرف (Bowen and Lawler, 1995) التمكين الإداري بـان التمكين يتمثـل في إطـلاق حريـة الموظف، وهذه حالة ذهنية، وسياق إدراكي لا يمكن تطويره بشكل يفرض على الإنسان من الخارج بين عشية وضحاها. التمكين حالة ذهنية داخلية تحتاج إلى تبني وتمثل لهذه الحالة من قبل الفرد، لكي تتوافر له الثقة بالنفس والقناعة بما يمتلك مـن قـدرات معرفيـة تسـاعده في اتخـاذ قراراتـه، واختيار النتائج التي يريد أن يصل إليها.

ويمكـن تعريـف التمكيـن الإداري بأنـه: عمليـة اكتسـاب القـوة اللازمـة لاتخـاذ القـرارات والإسهام في وضع الخطط خاصة تلك التي تمس وظيفة الفـرد واستخدام الخـبرة الموجـودة لـدى الأفراد لتحسين أداء المنظمة.

وعـرف التمكيـن الإداري بأنـه: مـنح المـوظفين السـلطة والقـدرة عـلى اتخـاذ القـرارات ، والاستجابة للعمـلاء ، والمبـادرة لحـل المشـكلات بطريقـة مبـاشرة دون الرجـوع للمركـز (عبـد الوهاب،1997).

فالتمكين لا يعني إعطاء الموظف القوة بل يعني إتاحة الفرصة له لتقديم أفضل مـا عنـده من خبرات ومعلومات ويؤدي ذلك إلى التفوق والإبداع في العمل (Murrel & Meredith, 2000).

وعرفه فتحي (2003) تشجيع العاملين لينهمكوا في العمل اكثر ويشاركوا في اتخاذ القرارات ونشاطات تؤثر على أدائهم للوظيفة.

من خلال التعريفات السابقة نلاحظ أن التمكين الإداري يتصف بالآتي:

١- يحقق (التمكين) زيادة النفوذ الفعال للأفراد وفرق العمل بإعطائهم المزيد من الحرية لأداء مهامهم.

٢- يركز (التمكين) على القدرات الفعلية للأفراد في حل مشاكل العمل والأزمات.

٣- يستهدف (تمكين العاملين) استغلال الكفاءة التي تكمن داخل الأفراد استغلالاً كاملاً.

٤- يجعل (التمكين) الأفراد أقل اعتمادا على الإدارة في إدارة نشاطهم ويعطيهم السلطات الكافية في مجال خدمة العميل.

٥- يجعل (التمكين) الأفراد مسئولين عن نتائج أعمالهم وقراراتهم.

فوائد التمكين الإداري :

يرى وليام (William,1992) أن التمكين يفيد كلا من المنظمة والفرد على النحو الآتي :

أولاً : بالنسبة للمؤسسة: يحقق التمكين الإداري ارتفاع الإنتاجية،وانخفاض نسبة الغياب ودوران العمل،وتحسين جودة الإنتاج أو الخدمات،وتحقيق مكانة متميزة، بالإضافة إلى زيادة القدرة التنافسية وزيادة التعاون على حل المشكلات،وارتفاع القدرات الابتكارية.

ثانيا : بالنسبة للفرد :يعمل التمكين الإداري على إشباع حاجات الفرد من تقدير وإثبات الذات،و ارتفاع مقاومة الفرد لضغوط العمل،وارتفاع ولاء

الفرد للمنظمة،وإحساس الفرد بالرضا عن وظيفته ورؤسائه، بالإضافة إلى ارتفاع الدافعية الذاتية للفرد،وتنمية الشعور بالمسئولية،وربط المصالح الفردية مع مصالح المنظمة.

أعباء التمكين الإداري:

مثلما يحقق التمكن الإداري منافع ومكاسب ومزايا متعددة بالنسبة للموظف، فهو قد يتضمن أعباء ومسؤوليات ليست بذات السهولة واليسر، فلا بد من أن يتحمل العامل مزيداً من الأعباء الناتجة عن تحمل مزيداً من المسئولية والمساءلة معاً. فتحمل المسئولية يصاحبه مسئولية عن النتائج. ومحاسبة عليها، فلا يقتصر تمكين الموظف على حصوله على منافع ومكاسب فحسب، بل هنالك جوانب تتمثل في المشاركة بالمخاطرة سواء أكانت نتائج تحمل المخاطرة إيجابياً أم سلبياً، فلا بد من المشاركة في الجانبين. لان التمكين يشبه إلى حد ما ملكية الموظف للوظيفة التي يقوم بها، والمالك عادةً يتحمل المخاطرة ونتائج تلك المخاطرة. لذلك قد لا يكون مشروع التمكين مناسباً لكل الناس، لان بعض الناس لا يحبون تحمل المساءلة وعواقب الأمور ويقاومون المخاطرة وتحمل نتائج المخاطرة. أما الجانب المهم في الأمر هنا أن المشاركة في المخاطرة وتحمل تبعات المسئولية بالنسبة للموظف تؤدي إلى زيادة حرص الموظف على: تجنب الأخطاء، وتجنب النتائج التي قد يكون لها أثر سيئ بالنسبة للمنظمة. فمثلما انه سيكافأ على النتائج الجيدة فلا بد أن يسال عن النتائج السلبية، مما يؤدي إلى أن يبذل كل جهد ممكن لتجنب تلك النتائج (ملحم، 2006).

خطوات لتنفيذ التمكين الإداري :

المؤسسات التعليمية التي تفكر في تنفيذ برنامج لتمكين العـاملين تحتاج أن تـتفهم تبنـى التمكين ليست بحال من الأحوال اختيار سهل. وقد أوضح عـدد مـن الكتـاب أن تمكين العـاملين عملية يجب أن تنفذ على مراحل:

وقد حدد بـاون ولـولر (Bowen and Lawler,1992) ثلاث مسـتويات مـن التمكـين في المـنظمات تتراوح من التوجه للـتحكم إلى التوجه للانـدماج، وأوضـح كـاودرون(Caudron,1995) أن الأسـلوب التدريجي أفضل الطرق لتمكين فرق العمل فالمسؤوليات للإدارة الذاتيـة واتخـاذ القـرار يجـب أن تعهد للموظفين بعد التأكد من حسـن أعـدادهم، وأوصى فـورد وفـوتلر (Ford and Fottler, 1995) أيضا بالتنفيذ التدريجي لتمكين العاملين " فالأسلوب التـدريجي يركـز أولا عـلى محتـوى الوظيفـة ومن ثم يتم لاحقاً إشراك الموظفين الممكنين في اتخاذ القـرارات المتعلقـة ببيئـة الوظيفـة". وخـلال مرحلة التمكين يمكن للإدارة متابعة تقدم الموظفين لتقييم استعدادهم ومستوى ارتيـاح المـديرين لتخلى عن السلطة.

وبعد الاطلاع على أدبيات الموضوع يقترح الباحثان الخطوات الآتيـة لتنفيـذ عمليـة تمكـين العاملين:

الخطوة الأولى: تحديد أسبا]ب الحاجة للتغيير :

أول خطوة يجب أن يقرر المدير لماذا يريد أن يتبنـى برنـامج لتمكـين العـاملين. وأيـا كـان السبب أو الأسباب، فأن شرح وتوضيح ذلك للمرؤوسين يساعد في الحد من درجة الغمـوض وعـدم التأكد. ويبدأ المرؤوسين في التعرف على توقعات الإدارة نحوهم، ومـا المتوقـع مـنهم. ويجـب عـلى المديرين أيضاً شرح الهيئة والشكل

الذي سيكون علية التمكين. يحتاج المديرين لتقديم أمثلة واضحة ومحددة للموظفين ما يتضمنه المستوى الجديدة للسلطات. حيث لابد أن يحدد المدير بشكل دقيق المسؤوليات التي ستعهد للموظفين من جراء التمكين (الطراونة، 2006).

الخطوة الثانية: التغيير في سلوك المديرين :

أحد التحديات الهائلة التي يجب أن يتغلب عليها المديرين لإيجاد بيئة عمل ممكنة تتصل بتعلم كيفية التخلي قبل المضي قدماً وبشكل جدي في تنفيذ برنامج للتمكين هناك حاجة ماسة للحصول على التزام ودعم المديرين. فقد أشار كيزيلوس (Kizilos, 1990) أن العديد من المديرين قد أمضى العديد من السنوات للحصول على القوة والسلطة وفي الغالب يكون غير راغب في التخلي أو التنازل عنها، وبالتالي يشكل تغيير سلوكيات المديرين للتخلي عن بعض السلطات للمرؤوسين خطوة جوهرية نحو تنفيذ التمكين.

الخطوة الثالثة: تحديد القرارات يشارك فيها للمرؤوسين :

أن تحديد نوع القرارات التي سيتخلى عنها المديرين للمرؤوسين تشكل أحد أفضل الوسائل بالنسبة للمديرين والعاملين للتعرف على متطلبات التغيير في سلوكهم. فالمديرين عادة لا يحبذون التخلي عن السلطة والقوة التي اكتسبوها خلال فترة بقائهم في السلطة. لذا يفضل أن تحدد الإدارة طبيعة القرارات التي يمكن أن يشارك فيها المرؤوسين بشكل تدريجي. يجب تقييم نوعية القرارات التي تتم بشكل يومي حتى يمكن للمديرين والمرؤوسين تحديد نوعية القرارات التي يمكن أن يشارك فيها المرؤوسين بشكل مباشر (Dimitrides, 2001) .

الخطوة الرابعة: تكوين فرق العمل :

بكـل تأكيـد لابـد أن تتضمـن جهـود التمكيـن استخدام أسـلوب الفريـق. وحتـى يكـون للمرؤوسين القدرة على إبداء الرأي فيما يتعلق بوظائفهم يجب أن يكونوا على وعى وتفهم بكيفية تأثير وظائفهم على غيرهم من العاملين والمنظمة ككل. وأفضـل الوسائل لتكوين ذلك الإدراك أن يعمل المرؤوسين بشكل مباشر مع أفراد آخرين. فالموظفين الذين يعملـون بشكل جماعـي تكون أفكارهم وقراراتهم أفضل من الفرد الذي يعمل منفرداً. وبما أن فرق العمل جزء أساسي من عملية تمكين العاملين فأن المنظمة يجب أن تعمل على إعادة تصميم العمل حتى يمكن لفرق العمـل أن تبرز بشكل طبيعي(Spector,1995)

الخطوة الخامسة: المشاركة في المعلومات:

لكي يمكن للمرؤوسين من اتخاذ قرارات أفضـل للمنظمـة فأنهم يحتـاجون لمعلومـات عـن وظائفهم والمنظمة ككل. يجـب أن يتـوفر للمـوظفين الممكنيـن فرصـة الوصـول للمعلومـات التـي تساعدهم على تفهم كيفية أن وظائفهم وفرق العمل التي يشـتركوا فيهـا تقـدم مساهمة لنجـاح المنظمة. فكلما توفرت معلوما ت للمرؤوسين عن طريقة أداء عملهم كلما زادت مساهمتهم.

الخطوة السادسة: اختيار الأفراد المناسبين وتوفير التدريب :

يجب على المديرين اختيار الأفراد الذين يمتلكون القدرات والمهارات للعمـل مـع الآخرين بشكل جماعي. وبالتالي يفضل أن تتوافر للمنظمة معايير واضحة ومحددة لكيفيـة اختيـار الأفراد المتقدمين للعمل.

والتدريب أحد المكونات الأساسية لجهود تمكين العاملين. حيث يجب أن تتضمن جهود المنظمة توفير برامج مواد تدريبية كحل المشاكل، الاتصال، إدارة الصراع، العمل مع فرق العمل، التحفيز لرفع المستوى المهاري والفني للعاملين. (Bowen and Lawler, 1992).

الخطوة السابعة: الاتصال لتوصيل التوقعات :

يجب أن يتم شرح وتوضيح ما المقصود بالتمكين، وماذا يمكن أن يعنى التمكين للعاملين فيما يتعلق بواجبات ومتطلبات وظائفهم. ويمكن أن تستخدم خطة عمل الإدارة وأداء العاملين كوسائل لتوصيل توقعات الإدارة للموظفين. حيث يحدد المديرين للمرؤوسين أهداف يجب تحقيقها كل سنة، وتلك الأهداف يمكن أن تتعلق بأداء العمل أو التعلم والتطوير.

الخطوة الثامنة: وضع برنامج للمكافآت والتقدير :

لكي يكتب لجهود التمكين النجاح يجب أن يتم ربط المكافآت والتقدير التي يحصل عليها الموظفين بأهداف المنظمة. يجب أن تقوم المنظمة بتصميم نظام للمكافآت يتلاءم واتجاهها نحو تفضيل أداء العمل في خلال فرق العمل

الخطوة التاسعة: عدم استعجال النتائج :

لا يكمن تغيير بيئة العمل في يوم وليلة. يجب الحذر من مقاومة التغيير حيث سيقاوم الموظفين أى محاولة لإيجاد برنامج يمكن أن يضيف على عاتقهم مسؤوليات جديدة. وبما أن تبنى برنامج للتمكين سيتضمن تغيير، فأننا نتوقع أن تأخذ الإدارة والموظفين وقتهم لإجادة المتطلبات الجديدة لبرنامج التمكين. وبالتالي

يجب على الإدارة عدم استعجال الحصول على نتائج سريعة. فالتمكين عملية شاملة وتأخذ وقتاً وتتضمن جميع الأطراف في المنظمة (Fisher,1996).

متطلبات تمكين العاملين :

لكي يتم التطبيق الناجح لتمكين العاملين في المنظمات ، لابد من توفر مجموعة من المتطلبات الأساسية قبل وأثناء وبعد عملية التمكين وهي: (سن، 2002)

١- **الثقة الإدارية :** أساس عملية التمكين هو الثقة ، ثقة المديرين في مرءوسيهم، وقد عرف بعض الباحثين الثقة المتبادلة بين الأشخاص ، بأنها توقع شخص أو مجموعة من الأشخاص بأن معلومات أو تعهدات شخص آخر أو مجموعة من الأشخاص هي معلومات أو تعهدات صادقة ، ويمكن الاعتماد عليها. فعندما يثق المديرون في موظفيهم يعاملونهم معاملة تفضيلية ،مثل إمدادهم بمزيد من المعلومات ، وحرية التصرف والاختيار ، فالثقة في المدير تؤدي إلى تمكين سلطة الموظف.

٢- **الدعم الاجتماعي:** لكي يشعر الموظفون بالتمكين الفعلي ، فلا بد وان يشعروا بالدعم والتأييد من رؤسائهم وزملائهم ، وهذا من شأنه أن يزيد من ثقة الموظف بالمنظمة، وبمرور الوقت يحدث زيادة في مستوى انتمائه التنظيمي والتزامه.

أبعاد التمكين الإداري :

يرى سبكتور (Spector,1995) أن للتمكين بعدين رئيسين هما:

البعد المهاري : ويقصد به إكساب العاملين مهارات العمل الجماعي من خلال التدريب وخاصة مهارات التوافق وحل النزاع والقيادة وبناء الثقة.

البعد الإداري : ويقصد به إعطاء حرية وصلاحية اتخاذ القرار لكل أعضاء المنظمة.

وكما يرى توماس وفلتهاوس Thomes &Velthouse المشار إليه في (حيدر،2001) أن التمكين يتكون من أربعة أبعاد هي :

أ) حرية الاختيار : وتعني درجة الحرية التي يتمتع بها الفرد في اختيار طرق تنفيذ مهام عمله .

ب) الفعالية الذاتية : وتعني قدرة الفرد على إنجاز مهام عمله بنجاح استناداً إلى خبراته ومهاراته ومعرفته.

ج) معنى العمل : ويعني إدراك الفرد أن المهام التي يؤديها ذات معنى وقيمة بالنسبة له وللآخرين وللمنظمة.

د) التأثير : ويعني اعتقاد الفرد بأن له تأثيراً على القرارات التي يتم اتخاذها والسياسات التي تضعها المنظمة خاصة المتعلقة بعمله.

معوقات التمكين الإداري:

يقف أمام عملية التمكين الإداري للعـاملين في أي مؤسسـة أو منظمـة معوقات وعوائـق وتحديات والتي إذا لم يتم مواجهتها من قبل الإدارة و خاصة الإدارة العليا تؤدي إلى فشل كبـير في عملية تطبيق التمكين الإداري وقد حدد (العبيدين، 2004) مجموعة من المعوقات منها:

١- عدم الرغبة في التغيير.

٢- المركزية الشديدة في اتخاذ القرارات.

٣- خوف الإدارة العليا من فقدان السلطة.

٤- خوف العاملين من تحمل المسؤولية.

٥- ضعف نظام التحفيز ونظام المكافآت.

٦- ضعف التطوير والتدريب الذاتي للعاملين.

وينوه الباحثان إلى أن موضوع التمكين الإداري من الموضـوعات الحديثـة في مجـال الإدارة اوالتي تفتقر إلى الدراسات .

قائمة المصادر والمراجع:

المراجع العربية:

أفندي، عطية حسين. (2003). **تمكين العاملين : مدخل للتحسين المستمر** ، المنظمة العربية للتنمية الإدارية ، القاهرة ، مصر.

حيدر ، معالي فهمي. (2001) . **دراسة العوامل المؤثرة على استخدام تمكين العاملين** ، المجلة العلمية – التجارة والتمويل ، كلية التجارة جامعة طنطا ، العدد الثاني 2001

الطراونة، احسين احمد. (2006) .**العلاقة بين التمكين الإداري وفاعلية عملية اتخاذ القرار لدى مديري المدارس الحكومية في إقليم جنوب الأردن** ، رسالة ماجستير غير منشورة ، جامعة مؤتة ، الأردن.

عبد الوهاب، علي. (1997) . **إدارة الكتاب المفتوح وتمكين العاملين**،المؤتمر السنوي السابع،إدارة القرن الحادي والعشرين، وايد سرفيس، القاهرة،مصر.

العبيدين ، بثينة زياد احمد. (2004) . **العلاقة بين التمكين الإداري وخصائص الوظيفة في كل من شركة مصانع الأسمنت الأردنية و مؤسسة الموانئ الأردنية** ، دراسة مقارنة،رسالة ماجستير غير منشورة ، جامعة مؤتة ، الأردن.

سن ،سالي علي محمد. (2002) . **العلاقة بين أبعاد تمكين العاملين ودرجات الرضا الوظيفي – دراسة ميدانية بقطاع البترول** ، رسالة ماجستير غير منشورة ، كلية التجارة جامعة عين شمس ، مصر.

فتحي ، محمد. (2003) . **إعداد مدير المستقبل من التنشئة حتى تحمل المسؤولية** ، الدار الإسلامية للنشر والتوزيع، القاهرة ، مصر.

ملحم ، يحيى. (2006) . **التمكين من وجهة نظر رؤساء الجامعات الحكومية في الأردن: دراسة كيفية تحليلية معمقة** ، دراسة مقدمة لمؤتمر الإبداع والتحول الإداري والاقتصادي، جامعة اليرموك ، الأردن.

ملحم ، يحيى. (2006) . **التمكين كمفهوم إداري معاصر**. القاهرة: المنظمة العربية للتنمية الإدارية.

المراجع الأجنبية:

Bowen , D.E, And lawler ,E.E (1995), *Empowering service Employees* , sloan management review , summer , pp. 73-84.

Pfeffer, J. (1994). Competitive Advantage Through People, Harvard Business School Press: Boston, Massachusetts.

Caudron , S ,(1995), *Create an Epowerment Environment* , Personnel Journal, VOL .16,pp.9-74.

Dimitrides , Z.S (2001) , *Epowerment in Total Quality* , *Designing and Implementing Effective Employee Decision Making* , *Strategies* , Quality Management Journal , ASQ, V .8, issue 2, pp 19-28.

Fisher , Martin.(1996), *Performance* , kogan page, London , U.K.

Ford , r.c , and Fottler ,m.d, (1995), *Epowerment (a matter of degree)* , Academy of Management Executive , V.9, NO.3, pp.9-21.

Spector, Burt ,(1995), *Taking Charge and Letting Go* , *A Breakthrough* Strategy *for creating and management*, the Horizontal Company,the free press, NewYork .

Kizilos , P (1990) , *Crazu about Epowerment* , Training , V.27, No12, pp47-56.

Littrel , rmie , (2002), *Employee Epowerment in China* , A case study , avilable at: www.paperwriters . com/aftersale .htm.

Murrell and Meredith , (2000) , *Emproving Employee* . McGraw.hill, newYork,USA.

Onne , Jansden , (2004), *The Barrier Effect of Conflict with Superiors in the* Relationship *between Employee Epowerment and Organizational Commitment* , Work and Stress , V.18, no 1, pp18-39.

William Umiker,(1992) , Epowerment *the Latest Motivation Strategy* Health Care Supervisor, Vol,11,No2 Dec92.

الفصل الثالث

الاتصال الإداري

المقدمة :

يشكل الاتصال عنصرا مهما من عناصر التفاعل الإنساني سواء كان ذلك على مستوى الأفراد أم على مستوى الجماعات، وانه لولا الاتصال لما حدثت مثل هـذه التفـاعلات ولـن تحـدث أيضـا، والهدف من الاتصال هو إحداث رد فعل أو سلوك لدى مستقبل الرسالة (الدرة واخرون، 1994).

و يعتبر الاتصال أحد الوظائف والعمليات الأساسية التي بدونها لا يمكن للعمليـة الإداريـة أن تكتمل، وهو من العلوم الحديثـة التـي بـدأ الاهـتمام بهـا يتزايـد في القرن العشرـين، فكثافـة المعلومات ودخول التقنيات الحديثة فرض على المؤسسات الإدارية الاهتمام به وبكيفيـة تطبيقـه، ذلك ان العمليات الإدارية بما فيها من تنسيق وتنظيم واتخاذ قرارات لا تعطي ثمارهـا مـا لم يكـن فيها نظام لاتصال يساعدها في الوصول إلى ما تصبو إليه.

والاتصال هو عملية سلوكية تنطوي على انتقال المعلومات وتبادل الأفكار والآراء مـن اجـل تصور أو فهم الأمور بين شخص واخر أو بين شخص واخرين وهو يحتاج إلى طرف مصـدر وطـرف مستقبل وقناة اتصال ثم تنتقل الرسالة مضمون الاتصال وتلعب العلاقـة بـين المرسـل والمسـتقبل دور في وصـول الرسـالة وكـذلك الاختلافـات في المسـتويات الثقافيـة والتعليميـة وفي المـنظمات والإدارات قد

يتم الاتصال من الأعلى إلى الأسفل وذلك على شكل منشورات أو تقارير أو قرارات أو أوامر أو إعلانات أو صحف أو مجلات كما ويتم الاتصال من الأسفل إلى الأعلى على شكل اقتراحات وتقارير ومقابلات وطلبات وشكاوى وما إلى ذلك ومن المهم جدا ان يكون الاتصال سريع وفعال وغير مكلف ومنظم بطريقة لبقة واليفة وودية وسريعة لان ذلك ينعكس ايجابا على عمل الإدارة وتحقيق أهدافها (تيشوري، 2006).

وتعتمد العملية التربوية على الاتصال أساسا في سيرها ، لذلك انعكس مفهوم الاتصال على الإدارة التربوية بشكل عام والإدارة المدرسية بشكل خاص، وان القدرة على الاتصال تعد من متطلبات المدير المهنية الهامة ، وبالتالي فان الأمر يتطلب منه أن يكون على دراية بسائر الأساليب والوسائل والعمليات الاتصالية في مختلف المجالات ، كذلك عليه أن يدرك القدرة على تطبيق مهارات الاتصال الجيد بينه وبين العاملين في المدرسة طلابا ومعلمين ومدراء ومستخدمين، لان فاعلية المدير أصبحت تعتمد بدرجة كبيرة على فاعلية الاتصالات التي يمر بها مع موظفيه (الربابعة، 1996).

ويعد الاتصال المنظم داخل المدرسة وخارجها عملية هامة جدا ، وهو كالشرايين في جسم الكائن الحي يتم من خلاله تزويد المديرين والمدرسين والعاملين بالمعلومات والبيانات التي تساعد على تحقيق كفاية العملية التربوية، كذلك فهو عامل أساسي في تحسين الأداء والتبادل الفكري للوصول إلى أهداف المنظمة المرجوة فالعمل الجيد في الاتصال الجيد ، وان عدم وجود نظام فعال للاتصالات يؤدي إلى شللها مهما توافر لديها من إمكانات مادية أو بشرية أو

مالية لان الاتصال عصب المنظمة وحياتها والدافع لتحقيق أهدافها(البرادعي ، 1988) وقد ساهم الاتصال كغيره من الوظائف الإدارية بدور رئيسي في تنظيم المجتمعات ومؤسساتها عبر مختلف مراحل التاريخ وتطورت تبعا لذلك حتى اصبح أي نظام اداري لا يتوفر فيه اتصال جيد ومتميز نظام ناقص يفتقر إلى مقومات وجوده.

ويشكل الاتصال العنصر المشترك في جميع العمليات الإدارية حيث يمكن من خلاله تبادل المعلومات والحقائق والانفعالات ، والاتصالات الجيدة تؤدي إلى التماسك في وحدة متكاملة ضمن تنظيم اداري سليم ، فإذا كانت وظيفة الإدارة هي تنفيذ السياسة العامة، فان عملية الاتصال من أهم الوسائل التنفيذية التي لا يمكن لأي إدارة القيام بواجباتها دون استخدامها وحتى يحقق العمل الإداري النتائج المرجوة فان من الواجب إيجاد نظام اتصال فعال يكفل توصيل البيانات في قنوات الوحدات الإدارية الفرعية والتي تشكل النظام الإداري العام لان تأثر الاتصال يعني شلل الإدارة واختلالها (زيدان، 1998).

تعريف الاتصال :

ان كلمة اتصال مشتقة من الأصل الإغريقي (communize) وهو نفس الأصل لكلمة (common) التي تعني عام وفي اللغة العربية اصلها مادة وصل أي وجود اتصال بين اثنين او اكثر .

ان أول تفسير لمفهوم الاتصال جاء على لسان ارسطو طاليس ، فقد قسم عناصر الاتصال إلى ثلاث هي : المتكلم ، الحديث أو الكلام نفسه ثم المستمع.

ان كلمة اتصال في اللغة العربية تعني البلوغ ، والفعل منها يتصل وهذه الكلمة في الإنجليزية مأخوذة من الأصل اللاتيني communize وتعني common اي عام ومشترك ، أما الترجمة الإنجليزية لهذه الكلمة communication فتعني تبادل الأفكار والآراء أو المعلومات عن طريق الكلام، أو الكتابة ، أو الإشارة بين طرفين أو مجموعة من الأشخاص (الازرعي، 1980).

ويمكن تعريف الاتصال بأنه تلك العملية الدينامية التي يؤثر فيها شخص ما سواء عن قصد من أو عن غير قصد - على مدركات شخص آخر من خلال مواد أو وسائط مستخدمة بأشكال وطرق رمزية. وترى ساتيرواخرون Satir,et al(1991) الوارد في مياس (2002) ان عملية الاتصال : هي كيفية إيصال المعلومات للناس، وكيفية صناعة المعاني لبعضهم البعض ، وكيفية استجابتهم سواء كان الاتصال داخليا أو خارجيا لان عملية الاتصال هي المفتاح لتوضيح العمليات الداخلية والخارجية ، ولتوضيح كيفية التعامل مع الواقع وكيفية تقييم الذات والآخرين .

وهو عملية نقل معاني و أفكار أو معلومات أو اتجاهات وقيم ومعتقدات و إحساس من خلال الربط بين طرفين أو أكثر من خلال نظام مشترك من الأمور.

أهمية الاتصال في العملية الإدارية:

يعد الاتصال جزءا من العمل اليومي لمدير المدرسة ووظيفة أساسية في العملية الإدارية ، إذ لا يمكن قيام نظام إداري فعال بدون نظام اتصالات سليم فهو يمثل القدرة على التفاعل والتفاهم مع العاملين وعلى خلق روح العمل كفريق واحد بين الأفراد في التنظيم . وبالتالي يقع على عاتق المدير دورا مهما في عملية تسهيل الاتصال في المدرسة حيث وجد كلارك والمذكور في القريوتي (1995) في دراسته للسلوك الإداري بين مديري المدارس الثانوية ان اكثر الميرين فعالية هم الذين بادروا في إجراء اتصال اكثر مع المعلمين وجها لوجه مقارنه مع المديرية الأقل فعالية لقلة اتصالهم مع المعلمين .

إن طبيعة عمل مدير المدرسة تفرض عليه ان يقوم بدور القيادة في مدرسته، فالرؤساء في المراكز الإدارية الأعلى والمعلمون في المدرسة والعاملون والتلاميذ والآباء والمجتمع جميعه ينظرون إلى مدير المدرسة كقائد ، وبالتالي تتحدد فعالية الاتصالات بمدى قدرة القائد على تنمية الفهم بينه وبين موظفيه حتى تصبح الأهداف مفهومة لدى كل واحد منهم (مرسي، 1995) . وانطلاقا من أهمية الاتصال للإداري لابد من استخدام شتى وسائل للاتصال الحديثة لتحقيق غاياتها وأهدافها واعتماد المرونة اللازمة في عملية الاتصال بين المسؤولين فيها على اختلاف وظائفهم ومستوياتهم , كما لابد من التدريب على عملية من عمليات الاتصال والتنسيق بين وحدات التدريب المختلفة بين المنظمات .

وحدد تيشوري (2006) الأهمية التالية للاتصال:

- الاتصال يخرج الإنسان من عزلته :أن يقوم شخص في زاوية شاشة التلفاز بترجمـة الأخبـار آلي حركات خاصة بالصم والبكم يعد خطوة إعلامية متطورة تبعد الإنسان ذو العاهة عـن عزلتـه ويشعر بأنه إنسان يمتلك المقدرة للاطلاع على الأخبار كغيره

- الا تصال يتيح المجال لتبادل الأفكار والآراء والانسجام حتى على المستوى الاجتماعي

- الحوار الدائم بين شريكين يؤدي آلي إنجاح الشراكة اكثر فالحوار يخفف من النزعة السـلطوية داخل الإنسان فعندما لا اسمع لرأي لا يوافقني فليس هناك من مجال للتطور ابـدا فالحوار يعني شخصية أخرى وعقل آخر ورأي آخر وتجربة أخرى.

- الاتصال يـؤمن التفاعـل الحضـاري بـين المجتمعـات: الترجمـة هـي أحـد الأركـان الأساسـية للاتصال.الاتصال بين الحضارات العربية والأوربية أدى آلي تطور العلوم والفلسفة .

- عملية الاتصال حولت العالم آلي قرية صغيرة : فالتلفاز وسيلة اتصال مكننا من متابعـة حـدث ما في الطرف الأخر من العالم وفي اللحظة نفسها

- عملية الاتصال تساهم في عملية التنمية كجزء من التنميـة الشـاملة ولقـد أثبتـت الدراسـات وجود ارتباط بين نمو وسـائل الإعـلام والنمـو الاقتصـادي ونمـو مهـارات المـوظفين في الاتصـال الفعال

- الاتصال يصهر التجارب الإنسانية في شتى المجالات : فالتجربة الإنسانية ليست ملكا لشخص اوقبيلة آو دولة بل هي ملك للعالم الإنساني.

- عملية الاتصال انعكست على تقنيات التعليم والوسائل التعليمية وعلى الإدارة والموظفين وخدمة المواطنين: حيث استطاعت آن توفر المناخ الإيجابي بين المعلم والمتعلمين وان تردم الهوة الكلاسيكية بين المعلم والمتعلم واصبح اليوم التلميذ امهر من أستاذه في أمور الحاسوب كما اصبح الكثير من الموظفين افضل من مدرائهم في مهارات استخدام الحاسب.

أهداف عملية الاتصال :

تهدف عملية الاتصال في أي منظمة إدارية مهما كان نوعها إلى مايلي:-

تسهيل عمليات اتخاذ القرار على المستويين التخطيطي والتنفيذي.

- تمكن المرؤوسين من التعرف على الأهداف والغايات المطلوبة من التنظيم والبرامج والخطط والسياسات التي تم وضعها من اجل ذلك.

- التعرف على مدى تنفيذ الأعمال والمعوقات التي تواجهها ومواقف المرؤوسين من المشكلات وسبل علاجها.

- تعريف المرؤوسين بالتعليمات المتعلقة بأصول تنفيذ الأعمال ودواعي تأجيلها أو تعديل خطط التنفيذ.

- ومن الأهداف الأخرى للاتصال انه منظماً وضابطاً، ومثقفاً Informative، وابداعياً Innovative وموحداً ودامجاً Integrative

أنواع الاتصالات الإدارية :

صنفت الاتصالات الإدارية إلى أربعة أنواع حسب كل عنصر من عناصر الاتصال وهي :

أولا : حسب أسلوب الاتصال وينقسم إلى مجموعتين :

أ- الاتصال اللفظي (verbal communication).

ب- الاتصال غير اللفظي (communication (no verbal) (السيد, 1993).

ثانيا: حسب قناة الاتصال وهي :

أ - اتصالات رسمية (Formal Communication).

ب – اتصالات غير رسمية (Informal Communication) .

ثالثا: حسب اتجاه الاتصال وهي :

أ - اتصالات هابطة (Doun word Communication) .

ب – اتصالات صاعدة (Up word Communication) .

ج - اتصالات أفقية (Lateral Communication) .

د – اتصالات قطرية (أبو عرقوب, 1993) .

رابعا: حسب المشاركين في عملية الاتصال وهي :

أ - اتصال فردي (One-Way Communication).

ب – اتصال جماعي (Tow- Way Communication).

واكثر أنواع الاتصالات شيوعا داخل المنظمة الاتصالات الرسمية وغير الرسمية , والاتصالات الرسمية هي التي تتعلق بالبناء الرسمي للنظام , أما الاتصالات غير الرسمية فهي التي تتم عبر العلاقات الاجتماعية لأفراد النظام , والإداري الذكي هو من يسخر هذه العلاقات غير الرسمية لما فيه مصلحة النظام وتحقيق أهدافه . لذلك فالإداري مطالب بان يعمل من خلال جماعات الاتصال غير الرسمية وليس العمل ضدها ومحاربتها , وان إصغاء المؤسسة أو النظام لهذه الجماعات تمكنها من فهم ما يجري داخل المؤسسة بعيدا عن التأثيرات التي قد تتعرض لها المعلومات أثناء مرورها إلى قمة الهرم (اسماعيل ,2003).

عناصر عميلة الاتصال:

تتشكل عناصر الاتصال من الأطراف التالية:

١- **المرسل** : Sender وهو الجهة التي تبعث وترسل معلومات بقصد إثارة سلوك محدد، ويمكن أن يكون موظف بغض النظر عن مستواه.

٢- **قناة الاتصال** : Channel وهي الوسيلة التي يراها المدير أو المرؤوس مناسبة لنقل التعليمات.

٣- **المستقبل** : Receiver وهو الطرف الذي يتلقى الرسالة أو المعلومات المرسلة.

٤- **الرسالة** : Message وتعني مجموعة المعاني التي يرسلها المرسل للمستقبل عبر القنوات المناسبة بهدف التأثير في سلوكه وهي نوعان :-

أ. رسائل وظيفية أو إجبارية .

ب. رسائل ذات تأثير عاطفي.

٥- **التغذية الراجعة** : F .B وهي عملية تبين جدوى التعليمات ومدى نجاحها في تحقيق ما هدفت إليه وتختلف ظروفها باختلاف القنوات المستخدمة في الاتصال.

شروط نجاح عملية الاتصال :

- على المرسل آن يكون بارعا في عملية إرسال الرسائل .

- يجب على المرسل آن يكون ملما بموضوع الرسالة .

- يجب آن يحترم المرسل ردة فعل المستقبل .

- على المرسل آن يوزع المعلومات زمانيا بشكل صحيح .

- يجب على المرسل آن يطابق موضوع الرسالة مع الوسيلة .

- يجب توفير قناة اتصال متوافقة مع الموضوع .

- يجب على المستقبل آن يتحلى بالذكاء والبديهة في التقاط الرسالة .

- يجب آن تتوافق الرسالة مع المستوى المعرفي للمستقبل .

- على المستقبل آن يتميز بمقدرة على المبادرة الذاتية في فهم الرسالة آو فك رموزها (تيشوري، 2006).

محددات عملية الاتصال :

سيتم الإشارة هنا وبشكل موجز إلى محددات الاتصال والتي تتمثل في الأطر التالية:-

١- **الإطار التقني** : يتحدد هذا الإطار بالأساليب المستخدمة في الاتصال والتي شهدت ثورة دراماتيكية في تطورها إذا سخرت أجهزة الحاسوب ومحطات الأقمار الصناعية والهاتف المتلفز ... الخ. كل ذلك اثر إيجابيا على سهولة ويسر الاتصالات وسرعتها وقدرتها على ملائمة الظروف المختلفة.

٢- **الإطار النفسي والاجتماعي** : وهو يتمثل بعمليات الادراك والدوافع الذاتية والتفاعلات بين أطراف عملية الاتصال من صراع وتوافق وتأثير الأدوار الرسمية والاجتماعية التي يلعبها الفرد على عمليات التواصل إذ أن التفاوت في مستويات الادارك يؤدي إلى اختلافات في تفسير التوجيهات والتعليمات.

٣- **الإطار التنظيمي يتحدد ذلك**: باختلاف نمط توزيع العمل وأسلوب اتخاذ القرارات فالمركزي مثلاً تؤدي إلى بطء عملية الاتصالات وكذلك فان اللا مركزية تسهل عملية الاتصالات.

٤- **الإطار الثقافي** : وهو يمثل مجموعة القيم والعادات والمعايير الاجتماعية السائدة التي تتحدد من خلال عملية التنشئة الاجتماعية وهذا ينعكس على التقنيات المستعملة في الاتصالات.

علاقة التنظيم الإداري بنمط الاتصالات:

لا بد للمدير الناجح الذي يحاول تطوير نظام الاتصالات في أية مؤسسة من إدراك الصلة العضوية بين التنظيم الإداري وعملية الاتصال لان التنظيم يقسم العمل ويحدد السلطات والمسؤوليات وكذلك العلاقات الوظيفية وهذا هو التنظيم الرسمي والى جانبه في اغلب الاحيان يتواجد تنظيم غير رسمي يقوم على أسس شخصية بين العاملين ولكلا النوعين صلة وثيقة بعمليات الاتصال.

ولا شك ان الاتصالات الواضحة هي التي تمكن العاملين من التعبير عن أنفسهم بشكل يجعلهم مسموعين ومفهومين ومن ثم تمكنهم من اتخاذ القرارات التي تساعد في زيادة الإنتاج وغالباً ما تزداد فرص الترقية أمام الموظفين اللذين يظهرون قدرات اكبر على القيام بالاتصالات الفعالة.

ويمكن تخليص بعض التوصيات التي تمكن أي مدير من القيام باتصالات فعالة على النحو التالي:

• انقل المعلومات بشكل دقيق وواضح لا يحتمل التأويل والتفسيرات المختلفة.

• أصغ للمتحدثين بانتباه لان ملاحمهم وطريقة حديثهم تحمل دلالات تساعدك على الفهم.

• استخدم افضل الوسائل المناسبة في الاتصال.

• شجع التغذية الراجعة وأفسح المجال للاستيضاح حول ما تقوم به من اتصالات.

• نظم الوسائل بشكل واضح لان التسلسل الجيد يساعدك على فهم الرسالة.

- استخدم نمطاً دقيقاً واضحاً في الاتصال فالتعقيد في اللغة يربك المستقبل.

- اتخذ احتياجات وخلفية المستمعين بعين الاعتبار لأنها تكون اقرب للفهم والقبول.

- افهم الإشارات غير الكلامية فهي تشكل جزءا مكملاً للمعلومات وان كان ذلك بشكل غير مباشر.

- شارك باللجان بفاعلية بحيث تستمع لآراء الآخرين وتسمعهم آرائك مما يساعدك على توسيع افقك.

- تجنب سرعة الاستنتاج وعدم التروي.

شبكات عملية الاتصال :

عندما تشتمل عملية الاتصال على اكثر من شخصين يصبح هناك فرصة لظهور عدد من شبكات الاتصال التي قد تتخذ أشكالا متعددة منها:

١- شكل دولاب Wheel حيث يتم تفاعل الإداري مع تابعيه ولكن دون توافر فرص لتفاعل التابعين مع بعضهم البعض .

٢- شكل السلسلة Chain : حيث لا مجال لأي انحراف أو خروج عن بعد البناء الرسمي الذي يعيشه النظام المعين وهو يتجه نحو الأعلى أو نحو القاعدة .

٣- شكل (Y) حيث يكون الاتصال الإداري بعدد محدد من التابعين ومن ثم يتصل هو بالمستويات الأعلى في سلم التنظيم الهرمي .

٤- شكل دائرة Circle : حيث تكون هناك فرصة اتصال مع العضو أو الأعضاء المجاورين ولكن دون أي مجال تجاوز .

٥- شكل الدائرة الحرة Free Circle : أو ما يسمه البعض الاتصال عبر كل القنوات وحيث تكون هناك فرصة لاتصال أعضاء النظام بعضهم ببعض ويعتبر هذا الشكل اقلها قيوداً وأكثرها مساواة.

الاتصالات الرسمية :

تتبع الاتصالات الرسمية النظام الرسمي للنظام وقد تكون قنواتها طولية هابطة أي من القمة إلى القاعدة أو طولية صاعدة أو عرضية جانبية أو قطرية وفيما يلي عرضاً موجزاً لذلك :-

١- الاتصال النازل Downward Communication :وهو ذلك الاتصال الذي يتجه من قمة الهرم الإداري إلى القاعدة وعادة ما يحتوي على الأوامر والقرارات والتعليمات والسياسات وتكون طبيعة هذه الاتصالات توجيهيه حيث تهدف إلى رقابة العاملين وتوجيههم في الاتجاه الصحيح.

٢- الاتصال الصاعد Up – Ward Communication : وهو يتجه من قاعدة الهرم الإداري إلى القمة أي من المرؤوسين إلى الرؤساء حيث تحتوي هذه الاتصالات على الاقتراحات وردود فعل العاملين ويعتبر هذا النوع من الاتصال وسيلة في تحفيز العمال وزيادة إنتاجهم.

٣- الاتصال الأفقي Lateral Communication : وهو عبارة عن الاتصال التي يتم بين الأفراد في نفس المستوى الإداري فمثلاً اجتماع مدراء الإدارات أو رؤساء الأقسام في نفس المنظمة.

٤- الاتصال القطري Diagonal Communication : وهو يتم بين الأفراد العاملين في المنظمة واللذين تقع مراكزهم في مستويات إدارية مختلفة وليس بينهم علاقات رسمية بل علاقات معرفة وصداقة وتعاون متبادل.

أثر الاتصال على الأداء والرضا عن العمل :

ان الاتصال بتبادل المعاني والمعلومات يشكل مطلباً انسانياً ويعتبر امراً حيوياً في أي منظمة بالنسبة للعاملين فيها وعندما يتم كبح الاتصال أو التقليل منه أو كان مصطبغاً بالغموض انعكس ذلك سلباً على رضا العاملين وعلى قناعاتهم بالعمل وزاد من فرص تركهم له .

ولذا فان تزايد المطالبـة بتطبيـق أسـلوب الإدارة التشاركية هـو تأكيـد عـلى ان مشـاكل المنظمات واستمرارية تحقيقها لأهدافها يقوم على قناعة الأفراد في ان يكونوا على معرفة بما يدور في مؤسساتهم وان يكون لهم تأثيرهم على قراراتها المتعلقة بهم. ولا شك ان الأفراد اللذين تتاح لهم فرص المشاركة في صنع قرارات مؤسساتهم سـتتوافر فيهم دافعيـه اكثر ومعرفة اعمـق ممـا تنعكس آثاره إيجاباً على تحملهم لمترتبات هذه القرارات، فإنتاجيـة الفـرد وقناعتـه بالـدور الـذي يمارسه تكون أعلى في بيئة ديمقراطية يسودها نظام اتصال فعال يـوفر لـه فـرص مشـاركة ايجابيـة فاعلة.

معوقات الاتصال الفعّال ووسائل التغلب عليها :

هناك عدة معوقات في طريق الاتصالات الجيدة ويمكن إجمال أهـم هـذه المعوقات فيـما يلي:-

١- المعوقات النفسية والاجتماعية: وهذه تمثل في اختلاف ميـول الأفراد ورغبـاتهم لـذا فـان تفسير أي رسالة يسلمها الأفراد تتوقف على حالته النفسية وطريقـة تفكيره كما تلعـب الدوافع دوراً كبيراً في تفسير كل كلمة تصلهم من رؤسائهم تفسيرات متفاوتة حسب مـا يختلجهم من عواطف

وشعور. أما على المستوى الاجتماعي فتؤدي التحيزات الاجتماعية إلى ظهور الأنانية والفرقة والعلاقات العدائية بين أفراد المنظمة الواحدة وهذه بدوره يعيق عملية الاتصال.

٢- المعوقات الناشئة عن طبيعة التنظيم: ان الملامح التنظيمية في أي مؤسسة تؤثر على نوعية الاتصال فمثلاً غموض الأدوار وعدم تحديد الصلاحيات يؤدي إلى تشويش الاتصالات كذلك فان مركزية التنظيم تقلل من سرعة الاتصالات وأيضاً تعدد المستويات الإدارية وعدم تجانس الجماعة تؤدي إلى عدم التفاهم وبالتالي عدم وجود اتصال فعّال.

٣- المعوقات تكنيكية أو فنية : تمثل هذه العوائق بقصور أدوات الاتصال وعدم كفاءتها ومناسبتها للرسائل المنقولة أو عدم وضوح الأهداف أو التعليمات أو نقص في الخطط والسياسات وهذه اسهل علاجاً من المعوقات الأخرى التي تتعلق بالنفس البشرية(الخازندار،1995).

بعض الوسائل في التغلب على الصعاب في عملية الاتصال:

• تقديم المعلومات في شكل يتفق ورغبات الشخص وميوله فمثلاً إعداد بعض الشركات لكتيب فاخر عن الشركة وتقديمه لموظفين الجدد والذي يضمن معلومات عن أرقام المبيعات واجمالي الأجور المدفوعة ومعدلات النمو في الشركة كلها معلومات لا تهم الموظف بقدر ما يهمه فرص الترقية والمزايا والمكافآت والإجازات ... الخ.

• تقديم المعلومات في وحدات صغيرة وبصورة مبسطة بدلاً من مفاجأته بقدر هائل من المعلومات تؤدي إلى اضطرابه وعدم استقراره.

• إتاحة الفرصة للشخص المرسل إليه المعلومات لان يشرح وجهة نظره في المعلومات ورد الفعل في نفسه واحسن الطرق في ذلك هو الاشتراك في عملية الاتصال مباشرة عن طريق المناقشة مثلاُ.

ولزيادة فعالية الاتصال وضعت جمعية الإدارة الأمريكية عشرة وصايا ينصح بها:

١- وضح أفكارك قبل الاتصال.

٢- تأكد من الغرض قبل الاتصال .

٣- عليك ان تأخذ البيئة (الظروف) بعين الاعتبار .

٤- احصل على نصيحة الآخرين في تخطيط الاتصال ان أمكن ذلك.

٥- عليك ان تراعي أسلوب صياغة الرسالة.

٦- انقل معلومات مفيدة.

٧- ابع الاتصال أي طلب التغذية العكسية (F . B) .

٨- خذ بعين الاعتبار وتذكر من هو المستقبل.

٩- ادعم الأقوال بالأفعال.

١٠- كن مستمعاً جيداً.(القريوتي،1987).

قائمة المصادر والمراجع :

- الدرة ،عبد الباري والمدهون، موسى و الجزاري، ابراهيم (1994) . **الإدارة الحديثة ، المفاهيم والعمليـات مـنهج علمي تحليلي .عمان:المركز العربي للخدمات الطلابية.**

- الربابعة ،ابراهيم محمد (1996). نمط الاتصال الإداري لـدى مـديري المـدارس الثانويـة واثـره عـلى علاقـاتهم مـع المعلمين في محافظة عجلون. رسالة ماجستير غير منشورة، جامعة اليرموك،اربد.

- البرادعي،عرفان(1988) . مدير المدرسة الثانوية (صفاته-مهامه-أساليب اختياره-اعداده). دمشق: دار الفكر للنشر

- زيدان،ناريمان (1998) أنماط الاتصال الإداري لـدى مـديري المـدارس الحكوميـة ومـديراتها في محافظـات نـابلس ،طولكرم ،قلقيلية. وعلاقتها باتجاهات الطلبة نحو المدرسة ،رسالة ماجستير غير منشورة،جامعة النجاح

- مياس، محمود (2002) فاعلية برنامج إرشاد جمعي في تطوير مهارات الاتصال لدى طلبة التعليم المهني الثانوي ضعيفي الاتصال في لواء الرمثا.رسالة ماجستير غير منشورة،الجامعة الهاشمية،الزرقاء.

- المصري،احمد (2000)، الإدارة الحديثة ، مؤسسة شباب الجامعة ، القاهرة ، مصر.

- السيد، محمد ابراهيم (1993) ، وسائل الاتصال الوثائقي المكتوب القاهرة ، دار الثقافة للنشر والتوزيع، مصر.

- ابو عرقوب،ابراهيم(1993) . الاتصال الانساني ودوره في التفاعل الاجتماعي . عمان:دار مجدلاوي للنشر والتوزيع.

- اسماعيل ، محمود حسن (2003) . مبادئ علم الاتصال ونظريات التأثير. مصر: الدار العالمية للنشر والتوزيع.

- تيشـوري،عبد الـرحمن (2006) ،أهميـة الاتصـال في الإدارة الحديثـة، مجلة الحـوار المتمـدن الالكترونيـة، العدد1483،3-7-2006.

- الخازندار، جمال الدين. (1995). الاستماع الفعال وتأثيره على الاتصالات التنظيمية. الإداري، العدد (61)

- القريوتي، محمد. (1987) عملية الاتصالات وأهميتها في الإدارة، مجلة تنمية الرافدين، المجلد التاسع ، العدد (21)

الفصل الرابع

إدارة الصراع في المنظمات

المقدمة:

يعتبر الصراع على مستوى التنظيمات الاجتماعية أمراً حتمياً سواء كانت تلك التنظيمات سياسية ،أو اقتصادية،أو اجتماعية ، بل إن الصراع داخل الفرد نفسه أيضاً أمر حتمي ، وذلك لتعدد المؤثرات النفسية والاجتماعية الداخلية والخارجية عليه من ناحية ولكون الإنسان يـؤدي عدة أدوار في آن واحد من ناحية أخرى.

إن الإنسان ومنذ كينونتـه يعـيش في صراع دائـم ، وهـذا الصراع إمـا أن يكون داخليـا أو خارجيا ناجما عن تفاعله مع ما يحيط به. فهو في صراعه مع ذاته إنما يريد إثبات نفسه ووجوده عن طريق تحقيق رغباته الفكرية والأمنية والاجتماعية والاقتصادية. أما في صراعه مع مـا يـدور حوله من أفراد وجماعات حتى الطبيعية فهـي ناجمـة عـن إمكانيـة حـدوث نـوع مـن الإحبـاط الداخلي لدية نابع من شعوره بأن ما يحيط به سوف يحرمه مـن تحقيـق غاياتـه وأهدافـه. فمـن الممكن أن يكون شخص واحد لديه اهتمامات متعددة ومتفاوتـة وأحيانا متسـاوية في أهميتهـا ، ولكن الظروف المحيطة وأحيانا إمكاناته الفردية تمنعه وتحبطه من تحقيقها مجتمعة . فإذا كانت الرغبات موجودة لتحقيق اكثر من هدف وكلها متساوية في أهميتها ، فان

الإنسان يبدأ بالشعور بحالة من الصراع في أي من هذه الأهداف التي يعمل من اجلها و يسعى لتحقيقها (mangle ,1984)

إن الصراع يمكن أن يكون داخل الفرد مثل الإحباط وصراع الأهداف ،أو يمكن أن يكون خارجيا داخل محتوى المؤسسة. والإحباط يحدث عندما تحقيق الأهداف يصطدم مع بعض الحواجز ،أما صراع الأهداف فينتج عن الرغبة وعدم الرغبة في أي من الاختيارات المتاحة للفرد في حالة الاختيار. والصراع بين الأفراد داخل المؤسسات اصبح ظاهرة عالمية وبالتالي إدراك افضل للحالات والمواقع المهمة للصراع سوف يساعد المدير في استخدام الناس في المؤسسة بفاعلية من اجل الوصول إلى أهداف المؤسسة.أما عدم الاهتمام به سوف يكون مكلفا جدا لأن تجاهل الصراع سوف يؤدي إلى تدمير علاقات العمل والأفراد، وإذا ما حدث هذا فان الحافز نحو العمل الجماعي وفاعلية المؤسسة سوف يعانيان من ذلك (الخضور، 1996).

وينشأ الصراع متى ما تعارضت المصالح، وردة الفعل الطبيعية للصراع في المنافسات التنظيمية هي في الغالب أن ينظر إليه كقوة "اختلال وظيفي "يمكن أن تعزى إلى مجموعة ظروف أو أسباب مؤسفة."انه مشكلة شخصية" والمنافسون هم الذين يتصادمون دائما.عمال الإنتاج وعمال التسويق لا يطيقون بعضا". كل واحد يكره المراقبين الماليين والمحاسبين."ويعتبر الصراع حالة من الحظ التعيس التي تختفي أثناء الظروف أو المناسبات السعيدة (ريتشارد ه . هال، 2001).

مفهوم الصراع وطبيعته :

عرف بارون الصراع (Baron,1986) بأنه مواجهة بين الأفراد أو المجموعات في حالات عندما يدرك طرف أو كلا الطرفين أن الطرف الآخر أعاق أو يحاول إعاقة اهتمامه.

وعرفه السالم (1990) على انه ردود الأفعال التي يبديها الفرد في المنظمة نتيجة تعرضه لمثيرات أو عوامل بيئية أو ذاتية لا يكون قادرا على التكيف معها بقدراته الفعلية.

أما مارج وسايمون M arch and Simon فقد أكدا على أن الصراع هو عبارة عن حالة اضطراب وتعطيل لعملية اتخاذ القرار،بحيث يواجه الفرد أو الجماعة صعوبة في اختيار البديل الأفضل (الشماع وحمود، 1989)

ويمكن تعريف الصراع من وجهة النظر الإدارية : بأنه إرباك أو تعطيل للعمل ولوسائل اتحاذ القرارات مما يصعب عملية المفاضلة والاختيار بين البدائل (القريوتي، 1993)

أسباب الصراع :

يمكننا القول أن التناقضات صفة مميزة للسلوك الإداري في كثير من التنظيمات ومن الأمثلة على ذلك العلاقة الممكن نشوءها بين الجهات صاحبة الحق في اتخاذ القرار وبين أعضاء الهيئة الاستشارية ، فهذه التناقضات يمكن أن تبدأ وتتطور لتكون صحية وتتمخض عن التعرف على الآراء والاتجاهات المختلفة والاستفادة منها إيجابيا بدلا من أن تنفجر وتقضي- على الهدف الذي من

اجله قامت المؤسسة.وتتعدد أسباب ظهور التناقضات التي تستدعي الحاجة للتنسيق،ومن هذه الأسباب:

أ- وجود مواقف يتحتم فيها اتحاذ قرارات مشتركة:

إن اعتماد اتخاذ القرارات على عدة جهات تجعل إمكانيات التناقض اكبر؛نظرا لاختلاف الآراء والمفاهيم حول كثير من الأمور،أما إذا كانت القرارات تتم بشكل فوري دون الاعتماد على الآخرين،فان احتمالات ظهور التناقض تكون اقل.

ب- اختلاف الإدراك:

إن اختلاف مدركات الأفراد وانتماءاتهم تجعلهم يرون نفس الظواهر بطرق مختلفة،وذلك لصلة المدركات بالأهداف والقيم.

ج- اختلاف الأهداف والقيم:

إن وجود أشخاص لديهم أهداف وقيم متغايرة يؤدي إلى ظهور علاقات غير تعاونية يسودها التناقضات،الأمر الذي من شأنه الإضرار بالمصالح العامة.

د- غموض الأدوار وعدم تحديد السلطات بشكل دقيق:

إن عدم الدقة في تحديد الأدوار المعطاة للأفراد والسلطات اللازمة للقيام بها من شأنه أن يوقع الأفراد في حيرة تجعلهم غير قادرين على التصرف.

ه- عدم الرضا عن العمل.

و- طبيعة بعض الأشخاص ذوي النزاعات العدوانية وغير العدوانية (القريوتي، 1993) .

مستويات الصراع :

يمكن تصنيف مستويات الصراع إلى ثمانية مستويات ابتداء بالمستوى الفردي وانتهاء بالمستوى المؤسسي :

١-   الصراع داخل الفرد :

وسبب هذا الصراع هو في أي الأنشطة التي يجب اختيارها من قبل الفرد لإنجاز عمل معين ، حيث من الممكن أن يكون الصراع داخل الفرد بسبب شعوره أن قيامه بعمل معين لا يعد أخلاقيا ، وأيضا إذا قام بهذا العمل فانه سيكون على حساب زملائه في العمل.

وقد اعتبر شيرمر هورن وزملائه (schermerhorn,etAl,1985) أن تحمل الفرد لمسؤوليات العمل بالإضافة لمسؤوليات أخرى مثل مسؤوليات العائلة ومطالبها يؤدي إلى الصراع داخل الفرد. فالفرد يمكن أن يشعر بصراع داخلي في الاختيار بين أهداف متعارضة مثل تحديد القرار في قيامه بالعمل داخل المؤسسة بطريقته هو أو كما تريد المؤسسة (Gordon ,1983)

وقد حدد مانجال (mangle ,1984) ا لصراعات داخل الفرد بثلاثة أنواع مثل صراع التوجه الثنائي الإيجابي ، حيث يوضح ذلك بقوله أن الفرد في هذه الحالة يواجه بمشكلة الاختيار بين هدفين إيجابيين وكلاهما له نفس الأهمية ، أما النوع الآخر فهو صراع التجنب السلبي ، وهنا الفرد يكون مجبرا في الاختيار بين هدفين كلاهما سلبي وغير محبب بالنسبة له ، لأنه ليس لديه اختيار آخر . أما النوع الثالث فهو صراع التوجه والتجنب وفي هذه الحالة يكون الفرد مجبرا على الاختيار بين التجنب أو التوجه في نفس الوقت . وهنا يكون الفرد في هذه الحالة

مجذوبا نحو الهدف ، وأيضا مرفوضا ومصدودا عنه بنفس الوقت، ويحدث هذا النوع من الصراع عند وجود هدف إيجابي وهدف سلبي ؛ أي وجود عناصر إيجابية وأخرى سلبية لنفس الوقت.

٢- **الصراع بين الأفراد :**

ويحدث هذا النوع من الصراع عندما لا يتفق الطرفان على اتخاذ القرارات والقيام بالأفعال اللازمة لتحقيقها وتحديد الأهداف المشتركة. وهنالك أمور أخرى تدفع بالصراع بين الفرد للظهور، مثل صراع مديرين على الترقية ، ولكن في كل الحالات يكافح الأفراد من اجل امتلاك المصادر المحدودة والتي ربما تكون معنوية أو مادية (الخضور، 1996)

٣- **الصراع بين الأفراد والمجموعات :**

يظهر الصراع بين الأفراد والمجموعات عندما يقاوم الفرد عادات الجماعة التي يكون لديها تأثير قوي على الأفراد. والسبب في هذا الصراع أن الجماعة لديها المقدرة الكبيرة لاعتراض قيام فرد معين بتحقيق هدفه، بعكس الفرد الذي يكون لديه مقدرة محدودة على اعتراض تحقيق أهداف الجماعة. ويظهر هذا بوضوح عندما يقاوم المرؤوسون وبشكل جماعي أمر الرئيس في القيام بمجموعة من الأنشطة من اجل الحصول على أهدافه. ومع أن الرئيس يستطيع ممارسة سلطته الرسمية. لكبح مثل هذا الصراع ، إلا انه لا يعتبر بشكل عام أسلوبا مرغوبا ، لان المرؤوسين يعملون دائما لإيجاد وسيلة معينه لمواجهته (Gray ,starke,1980).

٤- **صراع الدور Role conflict** وغموض الدور Role ambiguity :

يواجه الناس في مواقعهم بتوقعات كثيرة لسلوكهم ، وهذه السلوكيات تنحدر من مصادر متنوعة والتي تدعى بمجموعه الدور . وضمن هذه العملية هنالك مصدران للضغط وهما صراع الدور وغموض الدور، ويحدث صراع الدور عندما يكون التعامل مع نوع واحد يؤدي إلى صعوبة التعامل مع نوع آخر من هذا الدور . ومن هنا فان صاحب الدور قد دفع باتجاهين وربما أكثر . ويحدث غموض الدور عندما تكون المعلومات المتعلقة بالدور قليلة أو لم توصل بطريقه واضحة، ومن هنا فان الفرد ليس لديه معلومات عن الخطوط العريضة للإنجاز (Miner ,1988) .

ويحدث صراع الدور بسبب وجود مجموعتين أو أكثر من الضغوط يعاني منها الفرد في نفس الوقت . وبالاستجابة إلى مجموعة واحدة من الضغوط ، فان الشخص يجد من الصعوبة ، إن لم يكن من المستحيل الاستجابة إلى واحدة من مجموعات الضغط الأخرى . مثل الطلب من المعلم القيام بمجموعه من الانشطه خارج الدوام الرسمي والذي يتعارض مع مجموعة من متطلبات دوره كرب أسره أو زوج مما يؤدي إلى صراع في داخله (شحادة ، 1992).

٥- **الصراع داخل المجموعات :**

حيث يمكن أن تحدث صرا عات مختلفة داخل المجموعات بسب التداخل في العمل بين أفراد المجموعة . والصراع هنا يكون واقعيا أو عاطفيا أو كلاهما معا . فالصراع الواقعي يكون بسبب عدم الاتفاق الفعلي على محتوى مهام المجموعة ،أما

العاطفي فهو صراع مبني على الاستجابة لحاله معينه وكذلك على العلاقات بين الأفراد (1983 ,Gordon)

٦- الصراع بين المجموعات :

الصراع بين المجموعات داخل المؤسسة يعتبر شيئا عاما، حيث يجعل هذا النوع من الصراع عملية التناسق والتعاون في أداء مهام العمل داخل المؤسسة صعبا جدا . وهنا يكون موقع المدراء حلقه وصل بين المجموعات ، وأي صراع ينشأ بين المجموعات يجب أن يدفع المدير لتعزيز التعاون وتجنب الإرباك الوظيفي الناجم عن حدوث الصراع (الخضور، 1996).

٧- الصراع بين المؤسسات :

ويحدث هذا الصراع بين المؤسسات اعتمادا على المدى الذي تخلق فيه مؤسسه ما ظروف غير حقيقية لمؤسسه أخرى محاولة السيطرة على نفس المصادر التي تريدها المؤسسة الأخرى (Gordon ,1983) ويمكن أن يكون الصراع بين أرباب العمل واتحادات العمال بسب تدني الأجور أو الظروف الصحية للعاملين. وفي كل الحالات إمكانية حدوث الصراع تتضمن الأفراد الذين يمثلون كل المؤسسات وليس وحدات جزئيه فقط بل أيضا الإدارات بجميع مستوياتها . وهنا يجب أن تدار كل الصراعات للصالح العام للمؤسسة وللأفراد المشاركين (Schermerhorn, et , al ,1985).

مراحل حدوث الصراع :

يمكن تحد يد مراحل خمس لحدوث أي صراع :

١- صراع كامن latent conflict وهذا كامن و موجود دائما في أي نظام.

٢- صراع مدرك perceived conflict وهذا يكون عندما يبدأ الأفراد العاملون في أي نظام بملاحظة ووعي أن هناك تهديدا لنظم قيمية معينة .

٣- صراع ملموس felt conflict وهذا يتم عندما توجد بؤر قلق وتوتر .

٤- صراع ظاهر manifest conflict وهذا يكون عندما تتم ممارسة سلوك صراعي .

٥- مترتبات ا لصراع و آثاره conflict aftermath وهذا يتصل بظروف ما بعد ظهور الصراع سواء تم التعامل بالإيجاب أو بالكبت (الطويل ، 1986)

أنواع ا لصراع :

بين مارش و سيمون march and Simon أن هناك ثلاثة مستويات أو أنواع رئيسة من الصراع:

١- **صراع فردي** individual conflict وهذا يكون أ ثناء ممارسة الفرد لعملية اتخاذ قرار .

٢- **صراع منظمي** Organizational Conflict و هذا يشتمل على أفراد النظام و جماعته.

٣- **صراع قائم بين النظم أو بين الجماعات** interorganizational conflict (الطويل، 1986) .

فالصراع الفردي يمكن أن يحدث بسبب عدم القدرة على مضاهاة البدائل ، أو عدم قبولها ، أ و عن عدم التأكد من مترتباتها. فعند شعور الفرد ببوادر صراع، فأن شعورا ودافعية للتقليل منه تبدأ بالتبلور عنده ، وتتوقف استجابة الفرد على طريقة إدراكه لسبب الصراع ومصدره .

وقد قدم ارجيرس argyris تصوره للصراع الفردي قائلا بأن الصراع يمكن أن يحدث عندما :

١- يريد الفرد أن يمارس شيئين مرغوبين و لكن يفرض عليه اختيار أحدهما .

٢- عندما يكون لدى الفرد خيار بين عمل شيئين لا يرغب في أي منهما .

٣- عندما يكون الفرد ميالا لعمل شيء مرغوب فيه ولكن تكتنفه المخاطر .

٤- عندما يكون أمام الفرد عدد من البدائل المرغوبة ولكن تكتنف كلا منهما المخاطر (الطويل،1986)

بينما عالج لوثانز luthans هذا المستوى من الصراع من منظور أن الفرد عضو في نظام ما، ولذلك فهو يعتبر الصراع و ينظر إليه على انه نابع من احباطات يعيشها النظام أو صراع في أهدافه أو أدواره (Luthans,1977)

أما الصراع المنظمي فيمكن أن يظهر بسب عملية سعي وحدات نظام ما لتحقيق مصالحها على حساب وحدات . وقد بين لوثانز luthans انه في نظم اليوم المعقدة يمكن أن تكون هناك أربعة مجالات بنيوية من الممكن أن يظهر فيها الصراع .

١- **صراع هرمي :**

مثلا صراع مدير المدرسة مع مدير التربية والتعليم و جهازه الإداري.

٢- **صراع وظيفي :**

مثل صراع قسم المناهج مع هيئة التدريس .

٣- **صراع خطي :**

مثل صراع مدير المدرسة مع المشرف التربوي .

٤- **صراع رسمي :**

مثل الصراع بين معايير تجمعات المعلمين نحو قضيه ما- مشاركتهم في برامج النمـو المهنـي أثناء الخدمة - ومتطلبات مديرية /أو وزارة التربية والتعليم (الطويل، 1986)

إدارة الصراع:

لقد تصدى العديد من الباحثين في مجال الإدارة لموضوع إدارة الصراع مؤكدين على ضرورة الاهتمام بتطوير فهم افضل لدى مختلف الجهات المتصارعة، كي يتبلور لديها تبصر افضل بنفسـها وبذاتها وبعناصر الصراع الحرجة التي تعيشها، بحيث ينتهي بها الأمر إلى التوصل إلى حلول تحقـق نوعا من الربح لمختلف الأطراف.

مفهوم إدارة الصراع:

يمكن تلخيص الطرق المختلفة في النظر للصراع بأشكال ثلاثة هي :

- **النظرة التقليدية** Traditional View

ينظر للصراع من وجهة النظر التقليدية على انه مرض يمكن أن يحدث للتنظيم، ومن هنا فالمرض بحكم التعريف سلبي يجب علاجه ، والعلاج هنا هو التخلص من مسببيه الـذين هـم في اغلب الأحيان الطرف الآخر المقابل للإدارة.

- **النظرة السلوكية** Behavioral View

تعتبر النظرة السلوكية تطويراً للنظرة التقليدية ، حيـث ينظر للصراع انـه أمـر حتمـي ومتكرر وهو أمر سيئ بالضرورة ولا بد من حله أو تخفيضه وضبط حجمه.

- **النظرة الحديثة** Modern View

تتميز النظرة الحديثة للصراعات بأنها واقعية وإيجابية. إذ ترى في الصراعات أمر حتميـاً لا يمكن تجنبه ، ولكن الاختلاف هـو في النظـر إليهـا عـلى أنهـا حياديـة ويمكـن أن تكـون سـلبية أو إيجابية وفقاً لنمط التعامل معها إدارتها (القريوتي، 1993) .

وقد طرح مارش وسيمون (march and Simon) أربع عمليات أساسـية يمكـن أن تتعامـل المنظمة من خلالها مع الصراع:

١- أسلوب حل المشكلة.

٢- الإقناع .

٣- المساومة أو التصافق؛أي عقد صفقات .

٤- التحالف أو الائتلاف coalitions حيث تعكس الحلول القوة النسبية لمختلف فئات الصراع.

أما روبنز Robbins فقد قدم تسعة سبل لتناول الصراع التنظيمي:

١- المقابلة وجها لوجه بين الفئات المتصارعة :

هذا الأسلوب لا يهتم بتحديد المصيب من المخطئ أو من الرابح أو الخاسر، حيث أن هذا يكمن في حل مشكلة الصراع.غير أن هذا الأسلوب ليس من السهل نجاحه دائما وبخاصة في الصراعات المنطقة والعميقة، وبتلك التي تتضمن أبعادا تتصل بالأنظمة القيمية للأفراد والجماعات.

٢- الانطلاق من أهداف لها مكانتها وتتمتع بقبول الجهات المتصارعة.

٣- تجنب الصراع :

مع أن هذا الأسلوب لا يشكل علاجا حاسما للصراع،ولكنه أسلوب شائع كحل مؤقت.

٤- التقليل من أهمية الاختلافات :

أو ما يمكن تسميته بتطرية الموقف smoothing وتهدئته، وهذا يوفر فرصة لدعم نقاط الالتقاء بين المتصارعين.

٥- توزع المصادر وتمددها :

وذلك بهدف التقليل من فرص الزيادة غير الضرورية لوحدات النظام وبالتالي التقليل من فرص حدوث صراع بين أعضائه.

التسوية أو الحل الوسطي :

وتشكل هذه القسم الأعظم من طرق حل الصراع، حيث لا يكون هناك رابح أو خاسر واضح.

٦- استخدام السلطة أو صلاحية المركز :

ومع أن هذا قد يشكل حلا مؤقتا،إلا انه ينجح أحيانا؛لان العاملين في النظام مهيئون على الأغلب لقبول سلطات وصلاحيات رؤسائهم، والالتزام بالتالي بما يصدر عنهم من قرارات.

٧- أسلوب إجراء تبديل وتغيير على المتغير الإنساني :

وهذا من اصعب سبل حل الصراع ؛لانـه يتنـاول أبعـاد الفرد البنائيـة المتصـلة بشخصـيته وقيمه واتجاهاته، وغالبا ما يكون هذا مكلفا.

٨- أسلوب إجراء تبديل أو تغيير على المتغير البنيوي التربوي للنظام:

وهذا أسلوب في متناول إداريي النظم خاصة،إذا ما تأكد لهـم أن سـبب الصـراع يكمـن في البعد البنيوي للنظام (الطويل ، 1986) .

أنماط إدارة الصراع:

من الملاحظ خلال دراسة مستويات الصراع ومصادره ومراحله ، أن الصراع سمة أساسـية و ملازمة لكيان أي مؤسسة، وأنه لا بد من وجود طرق معينة يمكن إتباعها من قبل المدراء لحل هذا الصراع، وهي مختلفة على أنواعها؛ لأن الصراع بحد ذاته ينقسم إلى صراع فعال أو ايجـابي أو صراع غير فعال أو سلبي، وذلك معتمدا على ما يتركه من أثر على تحقيق المؤسسة لأهدافها.

و قـد بيـن تومـاس وكليمـان (Thomas – kilmann , 1974) خمسـة أنمـاط لإدارة الصـراع بيـن الأفراد في المؤسسات ، و قد توزعت هذه الأنماط على بعدين هما بعد التعاون و بعد الحزم :

١-   المنافسة :

هو أن يقوم أحد أطراف الصراع بمتابعة اهتماماته و مصالحه الخاصة به، و تحقيقها حتى لو كان ذلك على حساب الطرف الآخر، وذلك باستخدام كافة الوسائل مثل القوة والسلطة لكي يربح موقع الطرف الآخر وهو نمط حازم و غير تعاوني .

٢-   المجاملة :

هو ترك أحد أطراف الصراع لاهتماماته الخاصة به مقابل تحقيق رغبات الطرف الآخر ، فصاحب هذا النمط يضحي بنفسه مـن اجل الطرف المقابل ويتصف بالكرم و الطاعـة لأمر الآخرين ، وهو نمط حازم و لكنه تعاوني .

٣-   التجنب :

هو عدم قيام أحد أطراف الصراع بملاحقة اهتماماته مباشرة ولا اهتمامات الطرف الآخر، ولا يحاول معالجة الصراع، فصاحب هذا النمط يتبع نمط المسايسة في تجنب قضيه مـا، وكذلك تأجيلها حتى وقت آخر مناسب أو الانسحاب من موقف فيه تهديد لمصالحه، وهو غير حـازم و غير تعاوني.

٤-   التعاون :

وهو عكس التجنب، ويعنـي تعاون أطراف الصراع لإيجاد حل ملائـم، وبالتالي إشباع اهتمامات جميع الأطراف و هو نمط حازم و تعاوني . والتعاون يأخذ

شكل استثمار الخلاف لكي يتعلم أطراف الصراع من خبرة وحكمة بعضهم البعض .

٥- **التسوية :**

إيجاد حل وسط يرضي جميع الأطراف في الصراع أو جزئيا، وصاحب هـذا الـنمط متوسـط الحزم و متوسط التعاون ، حيث يواجه المشكلة بطريقه مباشرة أكثر مـن التجنـب و لكـن ليـس بعمق التعاون .

فالصراع الفعال يتمثل في المواجهـة بـين المجموعـات التـي تفيـد و تعـزز أداء المؤسسـة و تقدمها نحو تحقيق غاياتها . بينما الصراع السلبي أو الغير فعال فينتج عن مواجهة أو تفاعـل بـين المجموعات التي تمنع أو تعيق المؤسسة من تحقيق غاياتها، و هذا النوع من الصراع عـادة يقـود إحداث تغيرات داخـل وبـين المجموعـات، وذلـك بزيـادة تماسـك المجموعـات و ازديـاد القيـادة الاتوقراطية، والتركيز على العمل مع زيادة التركيز على الطاعة و الولاء، وهذا كله داخل المجموعـة الواحدة ، بالمقابل فان هذا النوع من الصراع يؤدي إلى ازدياد سوء الفهم و تكرار السلبية وتقليـل الاتصال ومن هنا فان أفضل الوسائل لحل هذا الصراع الذي يحدث بين المجموعات هي :

١- **حل المشكلة :**

وذلك بإظهار الأطراف المتصارعة الاستعداد للعمل بتعاون نحو حل متكامـل والـذي يـرضي حاجات الجميع ويحقق لهم أهدافهم .

٢- **وضع أهداف عليا :**

وهو أسلوب يحتوي على مجموعة من الأهداف و التـي لا يمكـن تحقيقهـا إلا عـن طريـق تعاون كل المجموعات المشاركة .

٣- **توسيع المصادر :**

و بما أن المصادر هي من الأسباب المؤدية إلى الصراع فان تكثير المصادر بحيث يستطيع أن يحصل كل طرف على ما يريد يؤدي بالتالي إلى حل الصراع (الخضور ، 1996)

٤- **التوفيق** smoothing :

وهو أسلوب يركز على الاهتمامات المشتركة عند الأطراف المتصارعة ويقلل من أهمية الأشياء المختلف عليها .وهنا تجميع وجهات النظر المشتركة يؤدي إلى الاتجاه نحو تحقيق الهدف المشترك .

٥- **تنويع المتغير عند الفرد** Altering Human Variable :

ويحتوي هذا الأسلوب على المحاولة في تغيير السلوك المشترك عند الأعضاء في المجموعة المشاركة .وهذا الأسلوب يركز على أسباب الصراع وعلى مواقف الأفراد المشاركين .أما تنويع المتغيرات البنائية للمؤسسة Alterning Tthe Structural Vareable فيحتوي هذا الأسلوب على تغيير البناء الرسمي للمؤسسة.والبناء هنا يعني العلاقات بين وظائف المنظمة بما في ذلك تصميم الوظائف والأقسام .ويتمثل تغيير البناء في المنظمة لحل المشكلة بين المجموعات بالنقل والتبديل وإيجاد منسق يعمل كحلقة وصل بين الأطراف وذلك يجعل الأطراف على اتصال دائم مع بعضهم البعض .

٦- **تحديد عدو مشترك** Identifying Commn Enemy :

المجموعات المشاركة في الصراع يمكن أن تحل مشاكلها وتتوحد لتواجه عدوا مشتركا مثل أن يكون منافسا جديدا يمنعها من تحقيق غاياتها (الخضور ، ١٩٩٦)

العوامل المساعدة على إدارة الصراع وتطوير العمل:

١-   **بناء الثقة :**

عندما يثق العاملون في الإدارة ويشعرون بالثقة بأنفسهم وفي العمل، فذلك يساعدهم على درجة قبولهم لحل الصراع.

٢-   **نقاش المتغيرات المحيطة والتطوير المطلوبة :**

وهذا يعني اخذ رأي العاملين واقتراحاتهم بعين الاعتبار،ومشاركتهم وإشعارهم بأهميتهم.

٣-   **التأكد بان هذا التطوير معقول :**

أي أن يتأكد المديرون بأن التطوير أو تغيـير يرغبـون في إحداثـه في المـنظم هـو تطـوير أو تغيير معقول،ولا يكون له تأثير سلبي على العاملين(العديلي، 1993)

ومن السبل الأخرى في التعامل مع الصراع ما يمكن حصره في نقاط ثلاث:

١-   **منع الأزمة :**

إذ أنه وبالرغم من أن الإداري والقائد التربوي يتوقع حـدوث صراع ، ويسـمح بـه إلا أنه يجب أن لا يسمح له بالتفاقم كي يصبح أزمة مستعصية من الممكن أن تكون لهـا مترتبـات سـلبية كثيرة، مثل تكرار التغيب عن العمل ، أو كثرة المشـاحنات بـين أفـراده وتصـادمهم ، أو محـاولات تخريب وما إلى ذلك من تصرفات سلبية .

وهناك العديد من الاقتراحات من شأنها أن تقلل من فـرص حـدوث الأزمـة، منهـا التعـرف المبكر على أعراض الأزمة ، وإتباع سياسة الباب المفتوح،

وممارسة نشاطات تحسين الروح المعنوية ، وممارسة أساليب النقد الذاتي ، والاجتماعات المنظمة ، وتجنيب إجهاد العاملين أو إنهاكهم أو أية إجراءات أخرى يمكن أن توجد ظروف توتر وانفعال.

٢- مواجهة الصراع :

وقد اقترح بارنز Barnes خطوات خمس لمواجهة الصراع :

- **سهولة الوصول إلى الإداري .**
- **الاستقبال أو الترحيب :**

أي أن يظهر الإداري بادئ ذي بدء استعداداً للتقبل أو أن يشعر المتوترين بروح من الصداقة أو على الأقل أن يبدي الإداري علاقات حيادية مع من يعانون من التوتر .

ج- القبول:

أي أن يظهر الإداري أنه قادر على تفهم مشاعر المتوترين وهذا لا يعني الاتفاق معهم على وجهة النظر.

د- الموثوقية:

أي تولد إحساس لدى المتوترين بثقتهم في النظام وقدرته ورغبته في مواجهة الصراع .

٥- التعبير:

أي أن يسود الاجتماع مع من يعانون من الصراع جو من الصراحة وحرية التعبير عن الآراء والانفعالات كي يأتي الحل حلاً حقيقياً لا حلاً توقيعيا آنيا .

٣-   **حل الصراع :**

أن الوجه الثالث للتعامل مع الصراع هو محاولة حله من خلال اللجوء إلى نشاطات حل المشكلة للتعامل مع الأعراض البادية التي كانت السبب في بروز الصراع أو حدوث الأزمة .

ومهما تعددت سبل إدارة الصراع والتعامل معه، فإنها يجب أن تهتم بتحقيق فعالية هذا الحل . لأن تكرار الصراع وشدته وتحوله إلى أزمة يمكن أن تكون له أثار مدمرة على سلوك أفراد النظام منها مثلاً الانسحاب النفسي ، كالعزلة أو الانسلاخ عن الجماعة ، أو الشعور باللامبالاة، أو الإحساس بعدم الأهمية ، أو الانسحاب المادي ، كالتغيب ، أو التباطؤ والتأخر ، أو التقلب في العمل . وقد يلجأ بعض العاملين في النظام ، وكنتيجة للصراع الذي يعيشونه إلى إبداء توجه وسلوكات عدوانية مثل إهمال العمل ، أو تخريب ممتلكاته ، أو سرقة بعضها.

إن إدارة الصراع بطريقة غير فعالة ، كأن يلجأ الإداري ومنذ البداية إلى التصلب أو المعاقبة الصارمة للعاملين ، يمكن أن توجد جواً يؤدي إلى تفاقم الموقف، وهذا من شأنه أن يزيد من شعور الإحباط وتسميم المناخ المنظمي وتدهوره ، وبالتالي زيادة في مظاهر ممارسات صراع تخريبية (الطويل،1996) .

أما الإدارة الفعالة للصراع ، التي يمكن أن تتم من خلال التعامل مع الصراع على أنة مشكلة متوقعة تتطلب حلاً ضمن مناخ نظمي تسوده روح التشارك، فانه يمكن أن يؤدي إلى مخرجات إيجابية منتجة تزيد من إحساس النظام بصحته وقدرته على التعامل الناجح مع أهدافه ومراميه .

المهم أن يدرك العاملون في مجال الإدارة أن الصراع في حد ذاته مصطلح قيمي لا يمكن وصفه على أنه جيد أو سيئ. فهو مصطلح حيادي وأن أثره على النظم وعلى سلوكيات الأفراد فيها يعتمد وإلى حد كبير على الطريقة التي تتم فيها إدارة الصراع وتناوله.

قائمة المصادر والمراجع :

المراجع العربية :

الخضور، جمال فارس سليمان. (1996). **أنماط إدارة الصراع لدى مديري المدارس الأساسية في محافظة المفرق في ضوء متغيرات الخبرة والجنس والمؤهل العلمي. رسالة ماجستير غير منشورة** ، جامعة اليرموك ، اربد،الأردن.

السالم ، مؤيد سعيد . (1990) . **التوتر التنظيمي – مفاهيمه وأسبابه واستراتيجيات إدارته** . مجلة الإدارة العامة ، 68 ،79- 91 .

الطويل ، هاني عبد الرحمن صالح.(1986). **الإدارة التربوية والسلوك المنظمي - سلوك الأفراد والجماعات في النظم** – (الطبعة الأولى). عمان : الجامعة الأردنية.

العديلي ، ناصر . (1995). **السلوك التنظيمي** (الطبعة : الأولى) دائرة المكتبة الوطنية،عمان:الأردن.

القريوتي ، محمد قاسم. (1993).**السلوك التنظيمي - دراسة السلوك الإنساني** - (الطبعة :الأولى) . عمان : المكتبة الوطنية.

الشماع ، خليل محمد حسن وحمود، خضير كاضم .(1989). **نظرية المنظمة**(الطبعة:الأولى).

شحادة ، توفيق إبراهيم.(1992).**الصراع التربوي البناء.** ورقة عمل صادرة عن الاونروا / اليونسكو، دائرة التربية والتعليم ، قسم تربية المعلمين والتعليم العالي ، معهد التربية ، دورات التربية في أثناء الخدمة ،عمان الأردن.

هال. ريتشارد ه . (2001) . **المنظمات -هياكلها،عملياتها،ومخرجاتها** . ترجمة: سعيد بن حمد الهاجري. المملكة العربية السعودية : مركز البحوث.

المراجع الأجنبية:

Baron R A.(1986). **Behavior in Organizations** Understanding And Managing the Human **Side of Work. 2nd**(ed) .Newton: allyn and bacon, inc.

Gordon , J. R .(1983). **A Diagnostic Approch to** **Organizational Behavior** . Massachusettes : Allyn and Bacon Inc.

Gray , J. L. And Stark, F . A. (1980). **Organizational Behavior , Concepts and Applications** , 2nd (ed) Ohio , Charles E . Merrill publishing Co.

Luthans, f .,(1977). **Organizational behavior,** 2nd ed. N. y McGraw-hill .

Mangal , S.K (1984) .**Abnormal Psychology** . New Delhi : Sterling Publishers Private Limited .

Miner , J .B (1988) . **Organizatinal Behavior – Perfomance and Productivity** .New York : Random House ,Inc.

Schermerhorn, J . R . Hunt , J . G . AND Osborn R . N . (1985) . **Managing** Organizational **Behavior** . New York : John Wiley and Sons , Inc

Thomas , K. W , and Kilmann , R. H . (1974) . **Thomas-Kilmann Conflict Mode Instrument** . New York:Xicom, Inc.

الفصل الخامس

الإشراف التربوي

مقدمة:

يعد الإشراف التربوي واحدا من الأجهزة القيادية في العملية التربوية لما له من دور فاعل في قيادة العملية التربوية وتوجيه مساراتها نحو تحقيق الأهداف المرسومة . وبناءا على ذلك فقد أولت الأنظمة التربوية في معظم بلدان العالم اهتماما واضحا وعناية بالغة لتطوير جهاز الإشراف التربوي وتحسين جوانبه النوعية بما يضمن تحقيق الأهداف المتوخاة منه بالشكل المطلوب . وتجلى ذلك الاهتمام بتناول الإشراف التربوي بالبحث والدراسة من قبل العديد من الباحثين وقاموا بدراسته من قبل اوجه مختلفة وأساليب متعددة ، فمنهم من درس واقع الإشراف التربوي وتحليله عن طريق إجراء دراسات مسحية ومقارنة حول الموضوع، ومنهم من اتبع المنهج التجريبي أو شبه التجريبي لدراسة بعض المتغيرات ذات العلاقة بجانب أو اكثر من جوانب عملية الإشراف التربوي ، كما استخدم بعض الباحثين تحليل النظم كأسلوب للدراسة ، حيث ينظر إلى الإشراف على انه عنصر متفاعل مع بقية عناصر النظام التربوي ، ولا يمكن دراسته وتحليله بمعزل عن هذه العناصر والتفاعلات الموجودة بينها (مكتب التربية لدول الخليج، 1985).

وهناك قوتان أساسيتان قد أثرتا في النمو السريع للإشراف التربوي، أما الأولى ، فتمثل حصيلة عوامل اجتماعية ثقافية ، كالنمو السكاني ، وتغير المجتمع

المحيط بالمدرسة ، والاهتمام بجودة التعليم . وأما الثانية ، فتمثل النظريات والبحوث التي ظهرت في هذا المجال . إذ أن النظريات المطروحة والدراسات الميدانية في العلوم السلوكية فتحت آفاقاً جديدة في التفكير بطبيعة أهداف الإشراف التربوي وممارساته، ودور المشرف التربوي ، ومركزه ، وسلطته ، وما إلى ذلك .

ويرى عبيدات (1981) ان الإشراف التربوي قد مر بتطورات نظرية وعملية كثيرة، من حيث فلسفته ودوره ، وأهدافه ، ووظائفه ، فظهرت اتجاهات ونماذج إشرافية متعددة أدت إلى وجود خلط وغموض في مفهوم الإشراف التربوي ومهامه وأهدافه عند عدد من المعلمين والمشرفين التربويين . لذا لابد من تحديد هذه المهام بشكل واسع ليصار إلى إعداد برامج قادرة على تطويرها وتفعيلها وتقييمها ، وفق أسس علمية .

تعريف الإشراف التربوي :

تختلف تعريفات الباحثين والتربويين للإشراف التربوي كثيرا. لكنها تدور حول تعريفه بأنه مجموعة الخدمات والعمليات التي نقدم بقصد مساعدة المعلمين على النمو المعني مما يساعد في بلوغ أهداف التعليم.

ويلاحظ أن هذا التعريف ينطبق على الإشراف بمفهومه الحديث، وليس على كثير من الممارسات التي يقوم بها "المشرفون" باسم الإشراف. فالإشراف بمفهومه الحديث يرمي إلى تنمية المعلم وتفجير طاقاته وتطوير قدراته متوصلا بذلك إلى تحسين تعلم الطلاب. أما مفهوم الإشراف القديم (وكثير من ممارسات المشرفين الآن) فهي تجعل تقييم المعلم هدفا نهائيا في حد ذاته.

وهو عملية تفاعل إنسانية اجتماعية تهدف إلى رفع مستوى المعلم المهني إلى أعلى درجة ممكنة من أجل رفع كفايته التعليمية . وكان يتطلع إليه كعملية ديمقراطية تعاونية ، طرفاها المشرف التربوي والمعلم ، تهدف إلى اكتشاف وتفهم أهداف التعليم ومساعدة المعلم ليتقبل هذه الأهداف ويعمل على تحقيقها .

إن التعريف السابق يمثل نقلة نوعية تبتعد كثيرا عن مفهوم التفتيش وممارسة القائمين عليه ، إذا يلغى نهائيا الاستعلاء على المعلمين وتجريحهم وتصيد أخطائهم. كما يتجاوز التوجيه الفني الذي قد يقف عند حدود متابعة عمل المعلمين في المدارس ومحاولة تصحيح ممارستهم على ضوء الخبرة والنصيحة الوافدتين من خارج المدرسة ، لارتباط التوجيه الفني بتميز الموجه في مادة تعليمية بعينها .

أما الإشراف التربوي فقد أزال الحاجز النفسي بين المعلم والمشرف التربوي عندما اعتبرهما طرفين في عملية واحدة يتعاونان على بلوغ أهدافهما . وهكذا تصبح غاية المشرف التربوي تطوير العملية التعليمية ، وهو أمر لا يوحي للمعلم بأي معنى من معاني العجز والضعف أمام المشرف التربوي .

وهي عملية ديمقراطية تعاونية يتم فيها تفاعل بين مختلف عناصر العملية التعليمية التعلمية من معلمين ، وطلاب ،ومناهج دراسية ، وإمكانات مادية وبشرية ، وبيئة محلية من اجل إنجاح هذه العملية .

لقد كانت عملية التربية والتعليم سهلة وبسيطة لان عناصر الحضارة وأساليب الحياة كانت بدائية غير معقدة ، كما ان التغيرات الحضارية في تلك العصور كانت بطيئة غير محسوسة مما جعل الصغار يلمون بأمور الحياة ويساهمون

فيها دون الحاجة إلى مؤسسة خاصة (كالمدرسة) ومن هنا كانت عملية التربية والتعليم في العصور القديمة لا تحتاج إلى نوع من المهارات والتخصص ، وعبر التاريخ تطورت الحياة وتقدمت العلوم والفنون ،فتعددت تبعا لذلك الآراء العلمية واختلفت وجهات نظر الفلاسفة مما ساعد على ظهور فلسفات واتجاهات متعددة ، تبلورت في مدارس مختلفة كان لها اثر كبير في النظم التعليمية (الخطيب واخرون ، 2000).

وقد عرفة بعض التربويين بأنه :

عملية قيادية تعاونية منظمة تعني بالموقف التعليمي بجميع عناصره من مناهج ووسائل وأساليب ، وبيئة ومعلم وتلميذ ، وتهدف إلى دراسة العوامل المؤثرة في ذلك الموقف وتقييمها للعمل على تحسين التعلم وتنظيمه ، من أجل تحقيق الأفضل لأهداف التعلم والتعليم

وهذا تعريف آخر :

" الإشراف التربوي هو جميع النشاطات التربوية المنظمة التعاونية المستمرة ، التي يقوم بها المشرفون التربويون ومديرو المدارس والأقران والمعلمون أنفسهم ، بغية تحسين مهارات المعلمين التعليمية وتطويرها ، مما يؤدي إلى تحقيق أهداف العملية التعليمية – التعلمية " .

و عرفه البسام بأنه " عملية تربوية متكاملة تعني بالأغراض والمناهج وأساليب التعليم والتعلم وأساليب التوجيه والتقويم وتطابق جهود المدرسين وتتفق وإياهم، وتسعي إلى التوفيق بين أصول الدراسات وأسسها النفسية

والاجتماعية وبين أحوال النظام التعليمي في دولة ما ومتطلبات إصلاحه وتحسينه".

وعرف حسين الإشراف التربوي بأنه " نشـاط موجـه يعتمـد عـلى دراسـة الوضـع الـراهن ، ويهدف إلى خدمة جميع العاملين في مجال التربية والتعليم ، لانطـلاق قـدراتهم ورفع مسـتواهم الشخصي والمهني بما يحقق رفع مستوى العملية التعليمية وتحقيق أهدافها".

وعملية الإشراف بمفهومها الحديث ، هي عملية ديمقراطية تعاونيـة يـتم فيهـا تفاعـل بـين عناصر العملية التعليمية ، من معلمـين ، وطـلاب ، ومنـاهج دراسـية ، وإمكانـات ماديـة ، وبيئـة محلية ،هدفها الأسـاسي تحسـين عمليتـي التعليـم والـتعلم ، في مواجهة النمـو السـكاني الهائـل ، والحصول على تعليم افضل . فالإشراف والمشرف في التربية المعاصرة ،لا يجدان مسـؤولياتهما في ملاحظة المعلمين وتقييمهم إلى جيد وضعيف كما يجـري تقليـديا بـل يمتدان وظيفيا إلى دراسـة علمية هادفة للعوامل المدرسية من معلمين واداريين وكوادر عامة أخـرى ، ولمـا يسـتخدمونه مـن مناهج وطرق وأساليب ووسائل ومواد وتجهيزات وتسهيلات تربوية (حمدان ، 1992).

ومن خلال التعاريف السابقة يمكن القول بأن الإشراف التربـوي عمليـة منظمة ومخططة تهدف إلى تحسين الناتج التعليمي مـن خـلال تقـديم الخـبرات المناسبة للمعلمـين والعـاملين في المدارس ، والعمل على تهيئة الإمكانات والظروف المناسبة للتـدريس الجيد الـذي يـؤدي إلى نمـو الطلاب فكريا وعلميا واجتماعيا وتحقق لهم الحياة السعيدة في الدنيا والآخرة .

ويلاحظ في تلك التعريفات أنها:

١- تنظر إلى الإشراف على أنه عملية مستمرة. فلا ينتهي عنـد زيـارة أو زيـارتين في السـنة، أو بعد القيام بعملية التقويم.

٢- تنظر إلى أن هدف الإشراف هو المسـاعدة في تنميـة المعلـم ، ولـيس اكتشاف اخطائـه أو تقويمه فقط.

٣- تنظر إلى الإشراف على أنه عملية وليس وظيفة. فالعبرة بالعمل لا باسم وظيفة القائم به.

فلـيس الإشراف وظيفـة يمارسـها صـاحب المنصـب، بقـد مـا هـي عمليـة يتولاهـا أطـراف متعددون: المشرف، أو زملاء المعلم، أو مدير المدرسة، أو المعلم نفسه.

ولأجل هذا التغير الجذري في عمل المشرف وأهدافه في عمليـة التعلـيم فقـد مـال بعـض التربويين والباحثين في مجال الإشراف التربوي إلى تغيير الاسم نفسه بما يتوافق مـع طبيعـة العمـل الجديدة لـ"الإشراف التربوي"، بحيث يكون ـ مثلا ـ قائدا تربويا، أو أخصائيا تعليميا.

لكـن عنـد التأمـل الموضـوعي، يجـد الإنسـان أن "عمليـة الإشراف" وإن تغـيرت كثـير مـن ممارساتها وتغير شيء من مفهومها إلا أن أصل عملية الإشراف القائمة على النظر من الخارج يبقى أمرا أساسيا فيها، وهو ما يعطيها شيئا من الفاعلية ويساعدها على تحقيق أهدافها.

وليس مجال التعليم بدعا مـن غـيره مـن المجـالات في هـذه العمليـة، فتكـاد كل وظيفـة متطورة (أي قابلة للنمو) يوجد في مؤسساتها نوع من الإشراف، يسعى إلى

تطوير العاملين وإثراء خبراتهم ومحاولة علاج أي قصور وسد أي خلل، فردي أو جماعي، يحدث في العمل.

ومهنة التعليم أحق بذلك لأمور:

١- عملية التعليم والتعلم وما يتعلق بها نامية باستمرار، ولعل التدريس من أكثر المهن نموا.

٢- هذه العملية مرتبطة بثروة ثمينة من ثروات الأمة، ويجب الحرص عليها والمتابعة الدقيقة لها.

٣- المعلمون أدرى الناس بأهمية النمو الفكري والتطور المهني، فيفترض أن يكونوا أحرص الناس عليه، بالإضافة إلى أنه من متطلبات عملهم الرئيسة.

ونستطيع القول بأن الإشراف التربوي عملية فنية شورية قيادية إنسانية شاملة غايتها تقويم وتطوير العملية التعليمية والتربوية بكافة محاورها

فهو عملية فنية: تهدف إلى تحسين التعليم والتعلم من خلال رعاية وتوجيه وتنشيط النمو المستمر لكل من الطالب والمعلم والمشرف، وأي شخص آخر له أثر في تحسين العملية التعليمية فنياً كان أم إدارياً.

وهو عملية شورية: تقوم على احترام رأى كل من المعلمين، والطلاب، وغيرهم من المتأثرين بعمل الإشراف ، والمؤثرين فيه، وتسعى هذه العملية إلى تهيئة فرص متكاملة لنمو كل فئة من هذه الفئات وتشجيعها . على الابتكار والإبداع

وهو عملية قيادية: تتمثل في المقدرة على التأثير في المعلمين، والطلاب، وغيرهم، ممـن لهـم علاقـة بالعملية التعليمية لتنسيق جهودهم من أجل تحسين تلك العملية أو تحقيق أهدافها.

وهو عملية إنسانية: تهدف قبل كل شـئ إلى الاعتراف بقيمـة الفـرد بصـفته إنسـاناً، لـكي يتمكن المشرف من بناء صرح الثقـة المتبادلـة بينـه وبـين المعلـم، وليتمكن مـن معرفة الطاقـات الموجودة لدى كل فرد يتعامل معه في ضوء ذلك.

وهو عملية شاملة: تعنى بجميع العوامل المؤثرة في تحسين العمليـة التعليميـة وتطويرهـا ضمن الإطار العام لأهداف التربية والتعليم في المملكة العربية السعودية (دليل المشرف التربوي، 2005).

أهداف الإشراف التربوي :

يهدف الإشراف التربوي بصورة عامة إلى تحسين عمليتي التعليم الـتعلم وتحسـين بيئتهما، من خلال الارتقاء بجميع العوامل المـؤثرة فيهمـا، ومعالجـة الصـعوبات التـي تواجههمـا، وتطـوير العملية التعليمية في ضوء الأهداف التي تضمنتها سياسة التعليم؛ وفيما يأتي أبرز أهـداف الإشراف التربوي (دليل المشرف التربوي ، 2005).

- رصد الواقع التربوي، وتحليله، ومعرفة الظروف المحيطة به، و الإفادة من ذلك في التعامـل مع محاور العملية التعليمية والتربوية.

- تطوير الكفايات العلمية والعملية لدى العاملين في الميدان التربوي وتنميتها.

- تنمية الانتماء لمهنة التربية والتعليم والاعتزاز بها، و إبراز دورها في المدرسة والمجتمع.

- التعاون والتنسيق مع الجهات المختصة للعمل في برامج الأبحاث التربوية والتخطيط وتنفيذ وتطوير برامج التعليم، و التدريب، و الكتب، و المناهج، وطرق التدريس، ووسائل التدريس المعنية.

- العمل على بناء جسور اتصال متينة بين العاملين في حقل التربية والتعليم، تساعد نقل الخبرات والتجارب الناجحة في ظل رابطة من العلاقات الإنسانية، رائدها الاحترام المتبادل بين أولئك العاملين في مختلف المواقع.

- العمل على ترسيخ القيم والاتجاهات التربوية لدى القائمين على تنفيذ العملية التعليمية في الميدان.

- تنفيذ الخطط التي تضعها وزارة المعارف بصورة ميدانية.

- النهوض بمستوى التعليم وتقوية أساليبه للحصول على أفضل مردود للتربية.

- إدارة توجيه عمليات التغير في التربية الرسمية ومتابعة انتظامها للعمل على تأصيلها في الحياة المدرسية وتحقيقها للآثار المرجوة.

- تحقيق الاستخدام الأمثل للإمكانات المتاحة بشرياً، وفنياً، ومادياً، ومالياً، حتى استثمارها بأقل جهد وأكبر عائد.

- تطوير علاقة المدرسة مع البيئة المحلية من خلال فتح أبواب المدرسة للمجتمع، للإفادة منها وتشجيع المدرسة على الاتصال بالمجتمع لتحسين تعلم التلاميذ.

- تدريب العاملين في الميدان على عملية التقويم الذاتي وتقويم الآخرين .

ومما جاء في (الخطيب وآخـرون)ان الإشراف التربـوي يهـدف إلى تحسـين موقف التعليم لصالح التلميذ، وهذا التحسـين لا يكون عشـوائيا، بـل يكون مخططاً أي أن الإشراف يهـدف إلى التحسين المبني على التخطيط السليم والتقويم والمتابعة، ولابد في الإشراف والتوجيه مـن الاهـتمام التعليم لتحقيق أهداف التنمية الاقتصادية والاجتماعية.

وأن أي دراسة لأولويات التعليم يجب ان تبحـث ضمن الإطـار الشـامل لخطط التنميـة الاقتصادية والاجتماعية واعتبارات احتياجات القطاعـات المختلفـة، بحيث تـؤدي تنفيـذ الخطة التعليمية إلى إحداث توازن في التنمية الاقتصادية والاجتماعيـة، لـذلك فإن أي تخطيط للتعليم يبنى على اساس شعارات سياسية معينة دون النظـر إلى الاعتبارات الاقتصادية، أو دون الاعـتماد على الاساليب الموضوعية، قد يؤدي إلى نتائج اقتصادية واجتماعية خطيرة.

ومما جاء في (الخطيب وآخرون) أن الإشراف التربـوي يهـدف إلى تحسـين موقف التعليم لصالح التلميذ، وهذا التحسـين لا يكون عشـوائيا، بـل يكون مخططاً أي أن الإشراف يهـدف إلى التحسين المبني على التخطيط السليم والتقويم والمتابعة، ولابد في الإشراف والتوجيه مـن الاهـتمام بمساعدة الطلاب على التعلم في حدود إمكانات كل منهم بحيث ينمو نمـواً متكـاملاً إلى أقصى ـ مـا يستطيعه الطالب حسب قدراته، ولا يتم التوجيه السليم إلا إذا كان تعاونياً بـين المشرف والمعلـم وإدارة المدرسة وكل من له علاقة بتعليم الطالب.

وكذلك يهدف الإشراف إلى مساعدة المعلمين على تتبع البحوث النفسية والتربوية ونتائجها ودراستها معهم ومعرفة الأساليب الجديدة الناتجة من البحوث،

ولا بد للمشرف أن يولد عند المعلم حب الاطلاع ، والدراسة والتجريب ، وذلك لتطوير أساليب تدريسهم ويتضمن هذا النمو المهني للمعلم ، كما يتضمن النقص الأكاديمي المهني، ومساعدة المعلمين على تحديد أهداف عملهم، ووضع خطة لتحقيق هذه الأهداف، والإشراف التربوي عملية تعاونية تشخيصية علاجية، إذ ينبغي أن يعمل المشرف على تشخيص الموقف التعليمي و إبراز ما فيه من قوة وضعف، وتوجيه المعلمين لعلاج الضعف وتحاشي المزالق وتدارك الأخطاء، فالفترة الزمنية التي يقضيها المعلم في إعداده لا تكفي ، لذلك لا بد للمشرف أن يوجهه لاستكمال نموه المهني ، وسد النقص في تدريبه ، والعمل على تشجيعه على تحمل مسؤوليات التدريس ، وتعريف القدامى من المعلمين بالمستحدث في عالم التربية والتعليم، ومساعدة المعلم المنقول حديثا ليتأقلم مع الوضع لينجح في عمله وليستمر في نموه المهني.

أهمية الإشراف التربوي:

من خلال تعريف الإشراف التربوي، ومن خلال الأدوار المختلفة للمشرف التربوي التي سبقت الإشارة إليها، ومن الواقع المعاش، يمكن التوصل إلى أهمية الإشراف التربوي على أنه أداة لتطوير البيئة التعليمية. ويبدو ذلك مما يأتي:

- التربية لم تعد محاولات عشوائية، أو أعمالاً ارتجالية، لكنها عملية منظمة لها نظرياتها ولها مدارسها الفكرية المتعددة، والتي تسعى جميعها إلى الرقي بالإنسان

- الإنسان بطبيعته يحتاج إلى المساعدة والتعاون مع الآخرين، ومن هنا تنبع حاجة المعلم المشرف التربوي كونه مستشاراً مشاركاً، فضلاً عن أن عمل المشرف التربوي يكمل في كثير من جوانبه عمل المعلم ويتممه.

- أن التحاق عدد من غير المؤهلين تربوياً للعمل في مهنة التدريس يتطلب وجود مخطط ومدرب ومرشد، وهذا يتحقق في المشرف التربوي.
- اصطدام عديد من المعلمين القدامى المؤهلين تربوياً بواقع قد يختلف في صفاته وإمكانا عما تعلموه في مؤسسات إعداد المعلمين.
- تشير الملاحظة اليومية والخبرة إلى أن المعلم المبتدئ. مهما كانت صفاته الشخصية. واستعداده وتدريبه، يظل في حاجة ماسة إلى التوجيه والمساعدة وذلك من أجل:
- التكيف مع الجو المدرسي الجديد، وتقل العمل بجميع أبعاده ومسؤولياته.
- تنمية اتجاهات وعلاقات إنسانية طيبة مع إدارة المدرسة، ومع الطلاب، ومع زملائه في العمل.
- تعرف الصورة الكلية للمنهج الذي سيدرسه، والأهداف المطلوب منه تحقيقها.
- التغلب على مشكلات المحافظة على النظام وضبط الطلبة وعلاجها، بل والعمل استثارة اهتمامهم وحفزهم إلى الإقبال على الدراسة.
- المساعدة على تشخيص مشكلات الطلبة، وإيجاد حلول للمعوقات الأخرى التي تعترض سبيل العملية التعليمية.
- وجود المعلم القديم الذي لم يتدرب على الاتجاهات المعاصرة والطرق الحديثة في التدريس يؤكد الحاجة إلى عملية الإشراف، وذلك لتوضيح فلسفة التطوير الأدائي ومبرراته أمام المعلم الذي مازال متمسكاً بالأساليب التقليدية التي اعتاد عليها في عملية للتدريس، ذلك لأن مثل هذا المعلم عادة ما يزال

يقاوم كل تغيير وتطوير في البرامج التعليمية حتى يعي أهدافه ومبرراته وتقنياته.

- وحتى المعلم المتميز في أدائه يحتاج في بعض الأحيان إلى الإشراف، ولا سيما عند تطبيق أفكار جديدة، حيث يرحب دائماً بمقترحات المشرف وبزياراته الصفية أكثر من المعلم الأقل خبرة لأنه لا يخشى نقده، ويستطيع المشرف التربوي استغلال كفاءة المعلم المتميز عن طريق تكليفه إعطاء درس توضيحي (نموذجي)، أو توضيح إجراء عملي أمام المعلمين الأقل اقتداراً أو خبرة، حيث يسر هذا المعلم عادة بهذا التكليف الذي يهيئ له الفرصة لإظهار مقدرته وفعاليته، ويؤدي درسه بمتعة تظهر آثارها في تعاونه مع المشرف ومع أقرانه المعلمين.

يتضح مما تقدم أن الإشراف التربوي ضرورة لازمة للعملية التربوية، فهو الذي يحدد الطرق ويرسمها، وينير السبل أمام العاملين في الميدان، لبلوغ الغايات المنشودة، بل أن نجاح عملية التعليم والتعلم أو فشلها، وكذلك ديناميتها أو جمودها، يعتمد ذلك كله على وجود مشرف تربوي ناجح أو عدم وجوده، يقوم بتنفيذ مهام الإشراف التربوي ويعمل على تحقيق أغراضه، و المشرف الذي تريده التربية ينطلق من منطلقات حية و ثابتة ومجربة، أهمها التأهيل التربوي الجيد، والخدمة العملية والممارسة الميدانية ذات الأصول التربوية، وحب المهنة حبا يجعله يخلص فيها مثرياً العملية التعليمية، والانتماء لعمله وتركيز انتباهه فيه، والإقبال عليه برغبة.

خصائص الإشراف التربوي :

يتميز الإشراف التربوي الحديث بالخصائص الآتية: (دليل المشرف التربوي، 2005).

- إنه عملية قيادية تتوافر فيها مقومات الشخصية القوية التي تستطيع التأثير في المعلمين والطلاب وغيرهم ممن لهم علاقة بالعملية التربوية، وتعمل على تنسيق جهودهم، من أجل تحسين تلك العملية وتحقيق أهدافها.
- إنه عملية تفاعلية تتغير مارستها بتغير الموقف والحاجات التي تقابلها ومتابعة كل جديد في مجال الفكر التربوي والتقدم العلمي.
- إنه عملية تعاونية في مراحلها المختلفة (من تخطيط وتنسيق وتنفيذ وتقويم ومتابعة) ترحب باختلاف وجهات النظر، مما يقضي على العلاقة السلبية بين المشرف والمعلم، وينظم العلاقة بينهما لمواجهة المشكلات التربوية وإيجاد الحلول المناسبة.
- إنه عملية تعنى بتنمية العلاقات الإنسانية والمشاركة الوجدانية في الحقل التربوي، بحيث تتحقق الترجمة الفعلية لمبادئ الشورى والإخلاص والمحبة والإرشاد في العمل، والجدية في العطاء، والبعد عن استخدام السلطة وكثرة العقوبات وتصيد الأخطاء.. الخ.
- إنه عملية علمية لشجع البحث والتجريب والإبداع، وتوظف نتائجها لتحسين التعليم،وتقوم على السعي لتحقيق أهداف واضحة قابلة للملاحظة والقياس.
- إنه عملية مرنة متطورة تتحرر من القيود الروتينية، وتشجع المبادرات الإيجابية، وتعمل على نشر الخبرات الجيدة والتجارب الناجحة، وتتجه إلى مرونة العمل وتنويع الأساليب.

- إنه عملية مستمرة في سيرها نحو الأفضل، لا تبدأ عند زيارة مشرف وتنقضيـ بانقضـاء تلـك الزيارة، بل يتمم المشرف اللاحق مسيرة المشرف السابق.

- إنه عملية تعتمد على الواقعية المدعمة بالأدلة الميدانية والممارسة العملية، وعلى الصراحة التامة في تشخيص نواحي القصور في العملية التربوية.

- إنه عملية تحترم الفروق الفردية بين المعلمين وتقدرها، فتقبل المعلم الضعيف أو المتـذمر، كما تقبل المعلم المبدع والنشيط.

- إنه عملية وقائية علاجية هدفها تبصير المعلم بما يجنبـه الخطأ في أثناء ممارسـته العمليـة التربوية، كما تقدم له العون اللازم لتخطي العقبات التي قد تصادقه في أثناء عمله.

- إنه عملية تهدف إلى بناء الإشراف الذاتي لدى المعلمين.

- إنه عملية شاملة تعنى بجميع العوامل المؤثرة في تحسين العملية التعليمية وتطوير ضـمن الإطار العام لأهداف التربية والتعليم.

- إنه وسيلة هامة لتحقيق أهداف السياسة التعليمية خاصة وأهداف التربية عامة.

وظائف الإشراف التربوي :

رغم تعدد الوظائف الخاصة بالمشرف التربوي، و تداخلها، وصعوبة فصل بعضها عن بعض يمكن حصر وظائف المشرف التربوي في النقاط الآتية(دليل المشرف التربوي، 2005)

١- **وظائف إدارية** : وتتمثل في :تحمل مسؤولية القيادة في العمل التربوي، وما يستتبع ذلـك من توجيه و إرشاد و استشارة وتعين وتـنقلات و التعـاون مـع إدارة المدرسـة في عمليـة توزيع الصفوف و الحصص بين المعلمين،والمشاركة في

عملية إعداد الجدول المدرسي،وحماية مصالح الطلاب، و الإسهام في حل المشكلات الطارئة التي تخص كلاً من الطالب و المعلم،والمساعدة على وضع الخطط السليمة القائمة على أسس علمية، بالإضافة إلى إعداد تقرير شامل في نهاية كل عام دراسي؛ يتضمن مختلف الفعاليات المتعلقة بالمادة، وطرق تدريسها، ومستويات أداء المعلمين، ومدى تعاونهم، و الخطط المستقبلية لتطوير أدائهم في ضوء نتائج التقويم،والإسهام في توفير خدمات تعليمية أفضل للتلاميذ و المعلمين، والإدارة المدرسية الوقعة في نطاق إشرافه،وتوفير المناخ الإداري المناسب لنمو المعلمين، ونمو التلاميذ، وتحقيق أهداف العملية التربوية.

٢- **وظائف تنشيطية** : وتتمثل بحث المعلمين على الإنتاج العلمي والتربوي،والمشاركة في حل المشكلات التربوية القائمة في المدرسة ولدى إدارة التعليم،ومساعدة المعلمين على النمو الذاتي، وتفهم طبيعة عملهم وأهدافه، مع تنسيق جهودهم ونقل خبرات وتجارب بعضهم إلى البعض الآخر،والمساعدة على توظيف التقنيات التربوية والوسائل التعليمية، وطريقة الإفادة منها والمشاركة الفاعلة في ابتكار وسائل جديدة أو بديلة،ومتابعة كل ما يستجد من أمور التربية والتعليم ونشرها بين العاملين في المدارس

٣- **وظائف تدريبية**: مثل تعهد المعلمين بالتدريب، من أجل نموهم، وتحسين مستويات أدائهم، وبالتالي تحسين الموقف التعليمي عامة. ويمكن أن يتحقق ذلك عن طريق الورش الدراسية المتصلة بالمواد الدراسية والطرق و الوسائل والنشاطات،وحلقات البحث، والنشرات.ومساعدة المعلمين على وضع

البرامج، وأساليب النشاط التربوي التي تشبع ميول المتعلمين وحاجاتهم ومساعدة المعلمين على فهم الأهداف التربوية، ومراجعتها، وانتقاء المناسب منها.

٤- **وظائف بحثية:** مثل الإحساس بالمشكلات والقضايا التي تعوق مسيرة العملية التربوية، وتحقيق نمو التلاميذ المستمر ومشاركتهم الفعلية في المجتمع الحديث. والسعي إلى تحديد هذه المشكلات والتفكير الجاد في حلها وفق برنامج يعد لهذا الغرض، يتناول هذه المشكلات بالبحث والدراسة حسب درجة المعاناة منها. وتكوين فريق بحث في كل مدرسة أو قطاع لدراسة مشكلات المادة والتلاميذ والإدارة.. الخ واقتراح حلول واقعية لها.

٥- **وظائف تقويمية:** مثل قياس مدى توافق عمل المعلم مع أهداف المؤسسة التربوية ومناهجها وتوجيهاتها، و تعرف مراكز القوة في أداء المعلم والعمل على تعزيزها، واكتشاف نقاط الضعف في أداء المعلم والعمل على علاجها وتداركها، والمعاونة في تقويم العملية التعليمية كلها تقوماً صحيحاً على أسس موضوعية دقيقة.

٦- **وظائف تحليلية:** تزويد المعلمين بكيفية تحليل المناهج وفق نماذج نظرية لتحليل المناهج وتطويرها، وتحليل المناهج الدراسية (الأهداف- المحتوي- أساليب-التدريس- التقويم) في ضوء النماذج النظرية السابقة، وتحليل أسئلة الاختبارات من خلال المواصفات الفنية المحددة لها، ومدى مطابقتها لتلك المواصفات، ووضع النماذج اللازمة لها.

٧- **وظائف ابتكاريه** :مثل ابتكار أفكار جديدة، وأساليب مستخدمة لتطوير العملية التربوية،ووضع هذه الأفكار والأساليب موضع الاختبار والتجريب،وتعميم هذه الأفكار والأساليب بعد تجريبها وثبوت صلاحيتها.

التخطيط للإشراف التربوي :

يمثل التخطيط الركيزة الأولى في رسالة المشرف التربوي، فعن طريقه تحدد الأولويات الإشرافية، وتختار النشاطات والفعاليات والبرامج الإشرافية الملائمة لتحقيق أهداف الإشراف التربوي، بعيداً عن العشوائية والعفوية التي ينتج غالباً عنها عديد من المشكلات فضلاً عن ضياع الوقت وإهداره فيما لا طائل تحته.

فالتخطيط لإشراف التربوي من المقومات الرئيسة لنجاح المشرف التربوي، و لا يستطيع أن يستغني عنه، وذلك من منطلق أن الإشراف التربوي يجب أن يستند إلى أهداف واضحة وشاملة تنبثق من تحليل واقع المجالات الإشرافية التي يعمل في إطارها، وهو مسؤول عن الارتقاء بها، كما يعتمد على جمع المعلومات و البيانات الوافية عن المعلمين وكفايتهم و المناهج الدراسية، وكذلك البيئات الدراسية المختلفة، وصياغة خطة عمل محددة تتلاءم مع نوعية الأهداف وطبيعتها، فالتخطيط لإشراف التربوي أسلوب للتفكير في المستقبل بتحديد معالم سير العمل اعتماداً على حاجات الميدان ومتطلباته وظروفه بما يكفل تحقيق أهدافه المرسومة.ومن الموجهات الأساسية التي يضعها المشرف التربوي أمامه وهو مقبل على تخطيطه لعملية الإشراف التربوي ما يلي:

١- أن تكون خطته للإشراف التربوي نابعة من نتائج تحليل المعلومات و البيانات التي يحصل عليها من مجالات الإشراف التربوي، بمعنى أن تلبي

الخطة حاجات أساسية تتمثل في تطوير قدرات المعلمين، و المنهج الدراسي، و البيئة المدرسية.

٢- أن تكون أهداف الإشراف التربوي واضحة ومرتبة حسب الأولويات التي يظهرها تحليل الواقع والتصور المستقبلي، بحيث تتجه جميع الجهود لتحقيقها.

٣- اختيار الوسائل و الإجراءات و المستلزمات الفاعلة و المناسبة لتحقيق أهداف الإشراف التربوي، اختياراً يتفق و أساليب تحقيق الأهداف.

٤- أن تكون الخطة خاضعة للتجريب لتثبت كفايتها، و إبراز أوجه قوتها ونقاط الضعف فيها دون استعجال للنتائج.

٥- أن تتضمن الخطة إجراء تقويم لكل النشاطات و الأدوات التي استخدمت وفق معايير محددة، وأن تكون متلازمة مع النشاطات الإشرافية.

٦- أن يبتعد التخطيط عن الرتابة والنمطية و الأساليب التقليدية، ويتجه إلى الإبداع.

٧- أن تكون الخطة في عدة مستويات، بمعنى أن تتجزأ الخطة السنوية إلى خطة فصلية وشهرية، يراعى فيها التوافق و الانسجام و عدم التعارض(دليل المشرف التربوي، 2005).

الخطة الإشرافية وعناصرها :

يحتاج المشرف التربوي أن يرسم خطة سنوية فاعلة متكاملة تتضمن مجالات الإشراف التربوي الرئيسة: رفع كفاية المعلمين، وتطوير المناهج الدراسية، وتحسين البيئة المدرسية، بما تتضمنه من عناصر متفاعلة، بشرية ومادية.

ينبثق من الخطة السنوية التي يضعها المشرف التربوي ثلاثة مستويات: الخطة الفصلية،والخطة الشهرية، والخطة الأسبوعية. وتتضمن كل منها مجموعة من الأهداف في مجالات الإشراف التربوي و الأنشطة الإشرافية الملائمة وجدولة زمنية تتناسب مع نوعية الأهداف، و النشاطات الإشرافية والإمكانيات المتوافرة، و أنشطة تقويمية مبنية على دلالة الأهداف.

ويمكن تفصيل مراحل بناء الخطة الإشرافية كما يلي:

أولاً: مرحلة جمع البيانات والإحصاءات الأولية:

تعد هذه المرحلة أساسية وهامة في عمل المشرف التربوي، إذ عن طريقها تستخرج مجموعه من المؤشرات والموجهات لأهداف خطته ونشاطاتها، وهذه المرحلة تتضمن:

أ- عدد المدارس التي يشرف عليها ومراحلها وتوزيعها الجغرافي.

ب- نوعية البيئات المدرسية التي يشرف عليها، ومدى انسجام إداراتها ومعلميها.

ج- عدد المعلمين والمديرين ومؤهلاتهم وسنوات خبراتهم.

د- مستويات تحصيل الطالب كما أظهرتها نتائج الاختبارات وخصوصا في المادة التي يشرف عليها.

هـ- المناهج الدراسية التي يشرف على تنفيذها والتعديلات الحادثة عليها.

و- الظروف الاجتماعية والاقتصادية في البيئة المحلية للمدارس التي يشرف عليها.

ز- تقديرات الأداء الوظيفي للمديرين والمعلمين.

ح- التقنيات والإمكانيات المادية المتوافرة في المدارس.

ثانياً: تنظيم المعلومات والبيانات والإحصاءات وتبويبها:

لكي يسهل تناول المعلومات والبيانات وتوظيفها في الكشف عـن الحاجـات الإشرافيـة، يمكن تنظيمها على النحو التالي:

١- حفظها وتبويبها في الحاسب الآلي حسب نوعية البيانات وموضوعاتها أو تنظيمها في ملفـات خاصة حسب المجالات الإشرافية.

٢- تلخيصها في بطاقات خاصة سهلة التناول.

مع التأكيد في هذه المرحلة على ضرورة تحديث المعلومات والبيانات وتنميتها من المصـادر المتاحة.

ثالثاً : مصادر المعلومات والبيانات والإحصاءات:

توجد عدة مصادر يمكـن أن يسـتقي منهـا المشرف التربـوي معلومـات وبيانـات وافيـة في المجالات التي يستهدفها ومنها:

١- الاستبيانات التي تعممها الإدارة التعليمية.

٢- نتائج اجتماعات وزيارات العام الماضي.

٣- نتائج تحصيل الطلاب مثل الخلاصة النهائية لنتائج طلاب المرحلة الثانوية التي تصـدر الإدارة العامة للتعليم.

٤- نماذج أسئلة الاختبارات الفصلية والنهائية التي يعدها المعلمون.

٥- الملاحظات الموضوعية غير المتسرعة التي يدونها المشرفون التربويون عن المديرين والمعلمـين و الطالب.

٦- أقسام الإشراف التربوي في إدارات التعليم ولاسيما ما يتعلق منها بالمعلمين الجدد والمقررات الدراسية المعدلة.

رابعاً: مرحلة وضع الخطة الإشرافية :

نظرا إلى أن عملية الإشراف عملية تعاونية ، وتحقيق أهدافها يتطلب تضافر جهود كل من المشرف والمعلمين والمديرين كذلك يجب أن تكون معطيات الخطة نابعة من تعاون بعض من يعنيهم الأمر مما يضمن تأييد جميع أطرافها، وان هذه الخطوات تتمثل في الآتي:

أ- تحديد الأهداف العامة للخطة السنوية بحيث تشتمل على مجالات الإشراف التربوي.

ب- تحديد الأهداف ذات الأولوية والتي من الممكن إنجازها في الفترة الزمنية المحددة للخطة.

ج- وضع مجموعة من الأنشطة والأساليب الإشرافية التي تكفل تحقيق أهداف الخطة وذلك **مثل: النـدوات، والمشـاغل التربويـة، و الزيـارات الصـفية، و النشـرات الدوريـة، و الدروس النموذجية وغيرها.**

د- تحديد الصيغة النهائية للخطة ومناقشتها مع بعض المستفيدين منها.

خامساً: مرحلة التنفيذ:

لتسهيل تنفيذ الخطة العامة تجزأ إلى خطط فصلية، وشهرية، وأسبوعية تترابط معا في وحدة عضوية واحدة، وتأخذ الصورة التنفيذية عدة أشكال مثل الزيارات الصفية أو المشاغل التربوية أو البرامج التدريبية وعموما يشتمل أي نشاط إشرافي على المكونات التالية:

أ- تحديد أهداف النشاط الإشرافي بصورة إجرائية.

ب- تحديد الأدوات والوسائل المناسبة للقيام بالنشاط الإشرافي.

ج- تحديد البرنامج الزمني لتنفيذ النشاط ومكانه.

د- تحديد أسماء المشرفين أو المديرين أو المعلمين المتعاونين في تنفيذ النشاط الإشرافي، وتحديد مهامهم بدقة.

هـ- التنسيق مع الفئة المستهدفة من المعلمين في تحقيق أهداف البرنامج وتحديد توقيته الزمني.

و- تحديد الأنشطة التقويمية المناسبة لقياس مدى تحقق أهداف النشاط أو البرنامج.

المهام المطلوب توافرها في المشرف التربوي :

بعد أن كان مفهوم الإشراف التربوي يقتصر على مساعدة المعلم لتطوير أساليبه ووسائله في غرفة الصف ، اصبح الآن يعنى بتطوير المواقف التعليمية التعلمية بجميع جوانبها وعناصرها - كما ذكرنا سابقا- لذا تعددت وتنوعت مهام الإشراف التربوي ، حيث أن تحديد المهام من الخطوات الأولى في سبيل الوصول

إلى غايات التربية، فالمهام هي نشاطات متنوعة ومتعددة الغرض منها تحقيق الأهداف المرجوة ، ولتحديد المهام لابد من معرفة الأهداف بشكل دقيق وواضح . وقد حدد الابراهيم (٢٠٠٢) المهام التالية للإشراف :

أولا : تطوير المناهج وتحسينها من خلال.

- إعداد الدراسات للمعلمين تشتمل على تدريبات ومناقشات للمواقف التعليمية وطرق التدريس .

- توجيه المعلمين للاطلاع الكتابات والأبحاث الحديثة في ميدان المناهج ؛

- توجيه المعلمين لدراسة الكتب المدرسية ومدى ملاءمتها لمستويات وحاجات التلاميذ وحاجات المجتمع.

- المساهمة في إخراج دليل للمنهج المدرسي .

ثانيا : تطوير الموقف التعلمي التعليمي وتنظيمه .

ثالثا : الإشراف على النمو المهني للمعلمين من خلال مراعاة حاجات المعلمين ومشكلاتهم ومعرفة التغيرات السريعة في مجالات الحياة والاطلاع على حاجاتهم التدريبية من اجل وضع البرامج التدريبية الملائمة .

رابعا : تحسين طرق التعليم وأساليبه ، فالمشرف لابد أن يتمتع بثروة غنية من الخبرة السليمة في التعليم الفعال حتى معينا زاخرا يستمد منه المعلمون النصائح والإرشادات .

خامسا : الاهتمام بالمعلم المبتدئ في التدريس من خلال مساعدته على تنمية الثقة بنفسه وتنمية روح الاعتزاز بمهنة التدريس وتنظيم ورش العمل والدورات التدريبية للمعلمين الجدد.

سادسا : تقويم العملية التعليمية لمعرفة مدى التقدم الذي يحرزه الفرد أو الجماعة في تحقيق الأهداف التربوية (الابراهيم، ٢٠٠٢) .

وفي دراسة قام بها مكتب التربية العربي لدول الخليج العربي سنة(١٩٨٥)، والتي تقول أن مهام الإشراف التربوي تتعدى مسالة متابعة المدرسين للخطط الدراسية والمناهج بمفهومها الضيق إلى المساهمة في جميع الجوانب التخطيطية والتنفيذية والتقويمية ، وكان مـن أهـم توجيهاتها أن المشرف التربوي الناجح والمؤثر في عمله التربوي هو المشرف الذي يستطيع أداء المهـام التدريسـية والإدارية بكل كفاءة (مكتب التربية لدول الخليج ،١٩٨٥).

وحتى يستطيع المشرف التربوي القيام بهذه المهام والأدوار المختلفة بكفاءة يجب أن تتوفر لديه مجموعة من المهارات الإشرافية الخاصة وهي : مهارات فنية وإنسانية ومفاهيميـة . فالمهـارة الفنيـة تشـير إلى القـدرة علـى استعمال المعرفـة والطـرق والأسـاليب لممارسـة مهـمات محـدودة ، والمهارة الإنسانية تشير إلى مقدرة المشرف على العمل مع الآخرين ، ويتوجب عليـه الـتحلي بـالود والدفء والصبر والحماس، والقدرة على الإقناع من اجل إحداث التغيير ورفع مسـتوى التـدريس ، والتحسين ، و أما المهارة المفاهيمية فهي القـدرة علـى رؤيـة المدرسـة ، والبرنـامج التربـوي ككـل ، فالمشرف التربوي الفعال ، يتعرف العناصر المختلفة ، التي يتكون منها البرنامج التـدريبي ، ومـدى ارتباط أو اعتماد هذه العناصر بعضها على بعض (العودة ،١٩٨٩).

فاعلية عمل المشرف التربوي :

لقد ظهر مفهوم البرامج القائمة على ا لكفايات عـلى شـكل حركـة تربويـة في مجـال تربيـة المعلمين اسمها (التربية القائمة على الكفايـات) وقـد نشـأت كـرد فعـل للاتجاهـات التقليديـة في التربية القائمة على أساس تزويد المعلمين بقدر من الثقافة العامة ، والأكاديمية ، والتدريب العمـلي ، وقد ظهرت هذه الحركة في أواخر الستينات من الفرن الماضي مع ظهـور برنـامج خـاص لتـدريب المعلمين ، وتوالي ظهور البرامج التدريبية القائمة على الكفايات حتى صارت هذه البرامج مـن ابـرز سمات التقدم التربوي وملامحه (جامل ،١٩٩٨) .

أن تبني البرامج التدريبية القائمة على الكفايات تعتمد على الأسس التالية :

- التطورات التكنولوجية الجديدة في مصادر التدريب والتعليم .
- ظهور متطلبات وحاجات جديدة للعمل ، تتطلب توافر طاقات بشرية قادرة على التعامل مع هذه المتطلبات والحاجات .
- ظهور مفاهيم جديدة في ميدان التربيـة ، مثـل : رفـع مسـتوى الكفايـة والفعاليـة والتـدريب المتدرج ، والبرامج المعدلة ، والتطوير (Narango،1993).

ويرى حمدان (١٩٩٢) أن مرحلة تحديد الكفايات من أهم مراحل تصميم برنامج تنمية و إعداد المشرفين التربويين ، ويهتم الإشراف التربوي بتحسين لكل العوامل المشتركة في عملية التعليم وهي المعلم ، المنهاج ، المدرسة ، البيئة، وينظر إلى كل ذلك نظرة متكاملة كونهـا أطرافـاً متداخلـة يؤثر بعضها ببعض تأثيراً ديناميـاً، لـكي يسـتطيع المشرـف التربـوي تأديـة أدواره المختلفـة بفاعليـة وكفاءة ، لابد أن تتوفر

لديه مجموعة من الكفايات والمهارات الخاصة ، بالإضافة لفهم هذه الكفايات وإدراك دورها على فاعلية المعلم والعملية التعليمية برمتها (جامل،١٩٩٨).

وتأتي أهمية تقييم درجة الفاعلية في كونها تهدف إلى تقدير جهود العاملين استنادا إلى عناصر ومهام تتم على أساسها مقارنة أدائهم بها ، بغية تحديد مستوى كفاءتهم في المهام الموكولة إليهم ، ويعد تقييم درجة الفاعلية وسيلة للحكم على مدى تطبيق العاملين للمهام المطلوبة منهم (الجميعي ،١٩٨٧) .

وتعددت الطرق التي يتم فيها الحكم على درجة الفاعلية والتي وردت في الجميعي (١٩٨٧) و أهمها:

- طريقة التقدير النسبي .

- التقييم بمقارنة الأداء .

- التقييم بالقوائم الموضوعة مسبقا كسلالم التقدير .

- التقييم بالبحث الميداني .

- التقييم الجماعي .

- التقييم المرتكز على حرية التعبير .

- التقييم على أساس النتاج من الأداء (الجميعي ،١٩٨٧) .

مجالات الإشراف التربوي:

لعل من أبرز الصعوبات التي تواجه عملية الإشراف التربوي اتساع مجالاتها، وتشعبها إلى حد جعل الاتفاق على مجالات محددة أمراً صعباً، حتى بين المهتمين مباشرة بالإشراف التربوي، إلا أنه (في ضوء الأدبيات التربوية المتاحة) يمكن تحديد مجالات الإشراف التربوي في مجالات رئيسة مع ملاحظة أن هذه المجالات المحددة تنسجم إلى حد كبير جدا مع تصورات المعلمين و المشرفين وتلتقي مع طبيعة الدور الإشرافي ومجالاته.

وفيما يلي قائمة بهذه المجالات مع شرح موجز للمهمات الفرعية التي تندرج تحت كل منها:

ا- مجال الاتجاهات والقيم التربوية:

يستطيع المشرف التربوي أن يحرز نجاحه الأكبر في مجال القيم و الاتجاهات التربوية، فنجاح نشاط الإشراف التربوي كله يتوقف على إيمان المعلمين بأهمية الجهد التربوي الذي يبذلونه. ودون هذا الإيمان ينعدم التعاون، ويصبح النشاط التعليمي نشاطا لا روح فيه و لا أمل في أن يتطور ويرقى.

فالمشرف التربوي الذي يستمد إلهامه من فلسفة شخصية ناضجة للتربية يستطيع أن يعمل مع غيره من المعلمين، نحو تكوين وتنمية وتطوير الأمة بأسرها.

هذا هو المجال الدائم الثابت لوظيفة الإشراف التربوي . كما أنه محور كل نشاط يدخل في دائرة الإشراف التربوي، وهو مجال يدعو إليه ديننا الإسلامي الحنيف امتثالا لقوله صلى الله عليه وسلم " إنما بعثت لأتمم مكارم الأخلاق ".

٢- التلميذ:

وهو المحور الأساس للعمل التربوي، والطرف الأصيل فيه، بل هو الهدف المنشود، وكل موقف تعليمي يعده وسيلة لتحقيق نموه الكامل، وكل إشراف تربوي لابد أن يدور حوله، فالتعليم لم يعد مجرد تلقين المعرفة، بل أصبح تغييراً في طبيعة المتعلم وسلوكه من خلال تعرف تحصيله وأحواله و إيقاظ القوى العقلية وتنميتها وتطوير المهارات و الاتجاهات نحو اكتساب المعرفة، ولا تقتصر التربية على اكتساب المعرفة فحسب، بل لابد لها من الاهتمام بتربية الجسد والوجدان، والخلق، لتحقيق النمو المتكامل في شخصية التلميذ. حيث أن تقدم

المجتمعات رهن بتفتح شخصيات أفرادها، لذلك كان لابد للإشراف التربوي من الاهتمام بكل ما يتعلق بالتلميذ والتخطيط للعناية به مثل (صحته، وتغذيته، وتوزيع تلاميذ الصف بصورة علمية سليمة، وتعرف الفروق الفردية بينهم، الخ)

ولما كا   ن وقوف المعلم على أسباب التأخر الدراسي عند تلاميذه يساعد على علاج تلك المشكلة، فإنه لابد للمشرف التربوي من أن يعنى بتوجيه المعلمين، وتزويدهم بالوسائل الناجحة للكشف عن المتأخرين دراسيا بصورة مبكرة كي يسهل علاجهم.

٣- المعلم:

المعلم سيد الموقف التعليمي وأقدر الناس على إدراك الظروف المحيطة به؛ لذلك لابد من أن يهتم المشرفون بملاحظة معلميهم في بعض المواقف التعليمية بغية التحقق من معرفتهم بمادة الدرس، وأساليب التدريس، واستخدام الوسائل

التعليمية المناسبة، وتوظيفها في المواقف التعليمية المختلفة. وعلى المشرف تعرف كفايات معلميه في التعليم، وإدراكهم لأهدافه, وممارستهم لأساليب السليمة في أدائهم، ويعمل المشرف التربوي على أن يلم المعلمون بطبيعة المعرفة وتصنيفاتها الرئيسة فيميزون بين المعلومات والحقائق، وبين المبادئ والمفاهيم الرئيسة وبين مجالات العمل والتطبيق ويجعلهم يميزون بين عمليات الحفظ والاستظهار، والإبداع والابتكار، والاستقراء والقياس، ليتمكنوا من ممارسة تلك المبادئ والعمليات جميعها، ومن أبرز مجالات الإشراف رسم سياسة للعاملين في المؤسسات التربوية بناء على مستوياتهم ومؤهلاتهم وتقويمهم السابق، سواء بالنسبة لتحديد الاحتياجات التدريبية، أو رسم برامج التدريب،أو ممارسة أساليبه المختلفة، أو متابعة المتدربين وتقويمهم.

٤- المنهج:

لما كانت التربية عملية تفاعل بين المعلم والمتعلم، فإن المنهج يشكل مادة ذلك التفاعل، وقد أصبح المنهج بمفهومه الحديث يعني بجميع الخبرات التربوية التي تخطط لها المدرسة داخل جدرانها وخارجها، بقصد مساعدة تلاميذها على النمو الشامل في جميع النواحي لتعديل سلوكهم طبقاً لأهدافه التربوية. والمنهج تبعاً لذلك يتضمن المواد الدراسية العلمية والنظرية والفنية والمعلومات والحقائق والخبرات، وسائر أوجه النشاط. كما يتضمن القيم والاتجاهات وطرق التفكير، ويقوم المشرف التربوي بالإسهام في صياغة محتوى المنهج ومعلوماته ومساعدة المعلمين على دراسته دراسة عميقة واعية لتعرف أهدافه و أركانه، وتفيد النشرات التي يصدرها المشرف، وكذلك الزيارات الميدانية التي يقوم بها على المدارس

واجتماعاته مع المعلمين من خلالها لمناقشة المشكلات المتعلقة بالمواد، في توضيح محتو ى المنهج للمعلمين.

أي أن من أولى مهام المشرف الاهتمام بالمناهج الدراسية والعمل على تطوير محتواها وطريقتها وأسلوب تقويمها لتلائم حاجات التلاميذ ومتطلبات المجتمع.

٥- طرق التدريس:

طرق التدريس ركن من أركان المنهج يعتمد على الدراسة، و البحث، و التجريب، والابتكار، وعملية التعليم مهنة فنية، وطرق التدريس وسائل تلك العملية لتوصيل محتوى التعليم إلى التلاميذ، ولابد أن تتناسب الطريقة مع مستويات التلاميذ وأعمارهم، لذلك لابد للمشرف التربوي من أن يحث معلميه على البحث والإطلاع، ومناقشة النتائج، واقتراح حلول للمشكلات التعليمية، والقيام بدراسات ميدانية عنها، وملاحظة ما يتعلق منها لطرق التدريس أو الوسائل التعليمية .

٦- مجال النشاط المدرسي:

يضع المفهوم الحديث النشاط المدرسي في مرتبة لا تقل أهمية عن البرنامج التعليمي ،الذي يشغل حصص الدراسة، على أن بعض المشرفين لم يتعودوا النظر إلى النشاط المدرسي كونه نشاطا تعليميا فعالا يستوجب أن يلقي منهم كل عناية، وقد يجد المشرف- من ناحية أخرى – أن تحسين الموقف التعليمي العام يمكن أن يتم باستخدام القدرات الخاصة للمعلمين في جوانب النشاط المدرسي المختلفة، ولهذا يجب أن تعطي الفرصة للمعلم لممارسة هواية أو تنمية ميل خاص أو تأدية

خدمة خاصة بالعمل المدرسي، بقدر ما يمكن أن تؤدي إليه تلك الممارسات مـن نهضـة بالتدريس.

كذلك فإن شعور المعلم بالارتياح في اتصالاته غير الرسمية بالتلاميذ وبغيره من العلمين، يعد عـاملا هاما في تكيفه مع الموقف التعليمي الذي يعمل فيه، كما أن الخبرة التي يكتسبها من العمل مـع التلاميذ قد تفيد الموقف التعليمي في الصف حيث إنها تنقل إلى الصف روح الصـداقة التـي يلـزم توافرها في أي نشاط يمارس في جو شوري، ولهذا يعد النشاط المـدرسي بابـا مفتوحـا أمـام المشرف يمكنه عن طريقه تحسين برنامج التعليم في المدرسة.

٧- الوسائل التعليمية :

أن التربية الحديثة تعتمد على مبادئ أساسيه لتحقيق أهـدافها ومنهـا الـتعلم عـن طريـق العمل والانتقال من المحسوس إلى المجرد والوسيلة التعليمية تساعد التلميذ عـلى إدراك الحقـائق والمفاهيم المجردة بأيسر الطرق أقصرها ولابد أن يضمن المشرف التربوي خطتـه العنايـة بالوسـائل وإنتاجها ويوضح للمعلمين قيمتها ويشجعهم على الاستفادة من الخامات المحليـة ويـدربهم عـلى حسن استخدامها.

٨-الكتاب المدرسي :

يعد الكتاب المدرسي أساساً من أسس التعلم ووسيلة ذات قيمـة في نمـو التلاميـذ لأنـه أداة تمكن التلميذ من دراسة الحقـائق والمعلومـات وقد تغـيرت الصـورة التقليديـة للكتـاب المـدرسي لتناسب مستوى التلميذ واهتماماته وأغراض التربية وحاجات البيئة ولابـد للمشرف التربـوي أن يعتني بدراسة الكتاب المدرسي دراسة واعية ليكون على بينه مـن محتوياتـه ويـتمكن بالتـالي مـن إرشاد المعلمين إلى مضمونه والإسهام في تقويمه وتحليله.

٩- المكتبات المدرسية :

للمكتبة المدرسية دور في إكساب التلميذ عادة القراءة والبحث والإطلاع وهي وسيله لنشر الثقافة وينبغي على المشرف التربوي أن يعمد إلى تحقيق الغرض من المكتبات المدرسية وحـث المعلمين والإدارات المدرسية على العناية بالمكتبات والعمل على تزويدها بما تحتاج إليه من الكتب ، والأثـاث ، والأدوات ، ولابـد مـن أن يضـع المشرف في خطتـه التربوية ضرورة تعرف محتويـات المكتبات ، والتأكد من سلامة محتوى كتبها ، ومدى مناسبته لتحقيق الأهداف التربوية وأن يـدرس المشكلات والمعوقات التي تحول دون الإفادة منها وان يعمل على علاجها ضماناً لتحقيق فائدتها.

١٠- التقويم:

يمكن عن طريق التقويم معرفة مدى كفاية الوسائل والأساليب والأجهزة التعليمية، ومدى فعلية المنهج في تحقيق الأهداف ، والتقويم مجال مهم من مجالات عمل المشرف التربـوي ، لـذا ينبغي عليه أن يستعين بوسائل قياس مناسبة للإفادة منها في بناء خطط العمل سواء أكان تقويم التلاميذ باستعمال البطاقة المدرسية التي تكشف عن حال التلميذ في جميع مراحل نموه المختلفة ، فهي سجل شامل للتلميذ من النواحي الجسدية والنفسية والاجتماعية والتحصيلية ، أم كان تقويم المشرف للمعلم نفسه باستعمال بطاقة الأداء التي تساعد في التقويم والتوجيه، وعلى المشرف إرشاد المعلم إلى كيفية ملء البطاقة والاستفادة منها . وإيضاح المفهوم الحـديث للتقـويم ، لكونـه وسيلة للكشف عن تحصيل التلميذ ، وإرشاد المعلم إلى أساليب التقويم الموضوعية.

١١- التخطيط للتدريس :

لضمان حسن التنفيذ والابتعاد عن العشوائية في العمل ، يقوم المشرف التربوي بتوجيه المعلمين إلى أسس وقواعد تنظيم البرنامج اليومي ، ووضع الخطة الدراسية الأسبوعية وتوزيع النهج على أشهر السنة ، بحيث تراعي هذه القواعد والأسس ظروف البيئة الطبيعية والاجتماعية ، وتسعى إلى تنمية العلاقات بين البيئة والمدرسة ، وتربط المواطنين بالمدرسة ، وتوثيق علاقتهم بها.

ومن المجالات التي لابد من أن يوليها المشرف التربوي اهتمامه أيضاً مساعدة المعلم الذي يعلم في مدارس مضمومة الصفوف على تخطيط برامجه بما يتلاءم والظروف التي يعمل في إطارها.

١٢- البناء المدرسي :

من المجالات التي يهتم بها المشرف التربوي واقع البناء المدرسي ومدى ملاءمته لتنفيذ المنهج ومدى استخدامه استخداماً سليماً وناجحاً ، بحيث يكون هناك توازن بين قاعات الصفوف والقاعات العلمية ، من ملاعب ومسارح ومختبرات ، وعلى المشرف أن يعمل على تزويد البناء المدرسي بالأدوات والتجهيزات اللازمة له ، وأن يوجه المعلمين للاستفادة منه والمحافظة عليه .

أنماط الإشراف التربوي :

أن أهم أنماط الإشراف التربوي أربعة هي:

١- **الإشراف التصحيحي:**

إذا دخل المشرف التربوي صفاً، وفي نيته اكتشاف أخطاء المعلم فسوف يعثر عليها؛ فالخطأ من سمة الإنسان، وقد يكون الخطأ يسيراً وقد يكون جسيماً حسبما يترتب عليه من ضرر، والمشرف التربوي الذي يحضر إلى المدرسة وفي نيته مسبقاً أن يفتش عن الأخطاء بتسقطها فمهمته سهلة ميسرة، إلا أن من واجب المشرف التربوي إذا كان الخطأ لا تترتب عليه أثار ضارة، و لا يؤثر في العملية التعليمية أن يتجاوز عن هذا الخطأ أو أن يشير إليه إشارة عابرة، وبأسلوب لطيف، بحيث لا يسبب حرجاً لمن أخطأ، وبعبارات لا تحمل أي تأنيب أو تجريح أو سخرية، أما إذا كان الخطأ جسيماً يؤدي إلى توجيه التلاميذ توجيهاً غير سليم، أو يصرفهم عن تحقيق الأهداف التربوية التي خطط لها، فالمشرف التربوي هنا يكون أحوج ما يكون إلى استخدام لباقته وقدراته في معالجة الموقف سواء في مقابلة عرضية أو في اجتماع فردي بحيث يوفر جواً من الثقة والمودة بينه وبين المعلم، عن طريق الإشارة إلى المبادئ والأسس التي تدعم وجهة نظره، وتبين مدى الضرر الذي ينجم عن الأخطاء التي وقع فيها المعلم. ثم يصل معه إلى اقتناع بضرورة التخلص من هذه الأخطاء، وهنا تكون فائدة الإشراف التربوي التصحيحي وفاعليته في توجيه العناية البناءة إلى تصحيح الخطأ دون إساءة إلى المعلم أو الشك في قدرته على التدريس.

٢- الإشراف الوقائي:

المشرف التربوي رجل اكتسب خبرة في أثناء ممارسته للتعليم مسبقاً وقيامه بزيارة معلمين ووقوفه على أساليب تدريسهم. ولديه القدرة في أن يتنبأ بالصعوبات التي قد تواجه المعلم الجديد عند مزاولته التدريس بالإضافة إلى أن المشرف التربوي يتميز بقوة ملاحظته وقدرته على أن يستشف روح التلاميذ، وأن يدرك الأساليب التي تؤدي إلى إحراج المعلم، وإزعاجه، وقلقه وخلق المتاعب له، وهنا تأتي مهمة المشرف التربوي في التنبؤ بالصعوبات والعراقيل، وأن يعمل على تلافيها والتقليل من أثارها الضارة وأن يأخذ بيد المعلم ويساعده على تقويم نفسه ومواجهة هذه الصعوبات والتغلب عليها ذاتياً.

والصعوبات هنا متنوعة والمواقف متعددة، وعلى المشرف التربوي أن يختار من الطرق. ويستعمل من الأساليب ما يتناسب مع الموقف الذي يواجهه، فقد يشرح الموقف ويضع مع المعلمين خطة مواجه، والتغلب عليه أو تلافيه، وقد يختار طريقاً آخر مع فريق آخر من المعلمين، كأن يستدرجهم معه في مناقشات وافتراضات واقتراحات تؤدي إلى تصور ما يمكن أن يحدث من أخطاء أو متاعب في المستقبل، وبذا يدرك المعلمون ما قد يعترضهم من متاعب إذا لم يعملوا على تلافيها وتجاوزها، وهنا لابد من الإشارة إلى خير ما يفعله المشرف التربوي هو العمل على:-

أ- أن يغرس في نفوس المعلمين بعض المبادئ التربوية التي تعينهم على أن يتلافوا الوقوع فيما يمكن أن يعترضهم من متاعب.

ب- أن يقيم بينه وبينهم جسورا من الثقة والمحبة بحيث تـزول الشـكوك وترسـخ الطمأنينـة في نفوسهم

٣- **الإشراف البنائي:**

يتعدى الإشراف التربوي هنا مرحلة التصحيح إلى مرحلة البنـاء، وإحـلال الجديـد الصـالح محل القديم الخاطئ، فليس من المهم العثور على الخطأ، بل أن نمتلك المقترحات المناسبة والخطة الملائمة لمساعدة المعلم على النمو الذاتي والإفـادة مـن تجاربـه، وبدايـة الإشراف هنـا هـي الرؤيـة الواضحة للأهداف ا لتربوية وللوسائل التـي تحققـا إلى أبعـد مـدى، لـذا ينبغـي أن تنصـب أنظـار المشرف والمعلم على المسـتقبل، لا عـلى المـاضي، إذ أن الغايـة مـن الإشراف البنـائي لا تقتصر عـلى الأفضل، وإنما تتجاوز ذلك إلى المستقبل بإشراك المعلمين في رؤية ما ينبغي أن يكون عليه التدريس الجيد وأن يشجع نموهم وأن يستثير المنافسة بينهم من أجل أداء أفضل ويوجهها لصالح التربوي.

ويمكن تلخيص مهمة الإشراف البنائي في النقاط الآتية:

أ- استخدام أفضل الإمكانات المدرسية والبيئية في خدمة التدريس.

ب- العمل على تشجيع النشاطات الإيجابية وتطوير الممارسات القدامى.

ج- إشراك المعلمين في رؤية ما يجب أن يكون عليه التدريس الجيد.

د- تشجيع النمو المهني للمعلمين وإثارة روح المنافسة ا الشريفة بينهم.

٤-   الإشراف الإبداعي:

وهذا النوع من الإشراف يعتمد على النشاط الجمعي وهو نادر التنفيـذ، حيـث لا يقتصر ـ على إنتاج الأحسن، بل يتطلب من المشرف أن يشحذ الهمة، ويحرك ما عنده مـن قدرات خلاقه لإخراج أحسن ما يمكن إخراجه في مجـال العلاقـات الإنسانية بينه وبين المعلمـين. وبينهم وبين الأقران معاً. الإشراف الإبداعي يعمل على تحريـر العمـر والإرادة وإطـلاق الطاقة عنـد المعلمـين لاستثمار قدراتهم ومواهبهم إلى أقصى مدى ممكن في تحقيق الأهداف التربوية.

والمشرف التربوي المبدع هو الذي يعمل على اكتشاف قدرات المعلمين واستخراج جهودهم ومساعدتهم على تحقيق الأهداف المنشودة، ويعمل على ترقية أعمالهم ويعد نفسه واحداً مـنهم لا متصدرا لهم دائماً. كما أن المشرف المبدع يغـذي في المعلمـين نشاطهم الإبداعي والقـدرة عـلى قيادة أنفسهم بأنفسهم، ويأخذ بأيديهم للاعتماد (بعد الـلـه عزوجل) على قـدراتهم وإمكانـاتهم الذاتية، ويساعدهم على النمو المهني والشخصي.

ولكي يكون المشرف التربوي مبدعاً عليه أن يتصف بصفات أهمها:

أ- مرونة التفكير.

ب- الصبر واللياقة.

ج- الثقة بقدرته المهنية.

د- التواضع والبعد عن الفوقية والاستعلاء.

هـ- الرغبة في التعلم من الآخرين والاستفادة من تجاربهم وخبراتهم.

و- فهم الناس والإيمان بقدراتهم.

ز- الإطلاع المستمر في تخصصه، وفي المجالات التربوية عامة وطرق التدريس خاصة.

أنواع الإشراف التربوي :

الإشراف التربوي بمفهومه العام هو مجموعة الخدمات والعمليات التي تقدم بقصد مساعدة المعلمين على النمو المهني مما يساعد في بلوغ أهداف التعليم. ويقصد بالمهني هنا ما يتعلق بمهنة التدريس. فالإشراف، إذن خدمات تقدم من المشرف، وقد يكون صاحب المنصب المسمى "المشرف التربوي" وقد يكون مدير المدرسة وقد يكون زميلا ذا خبرة. فكثير من الباحثين يهتم بعملية الإشراف دون التركيز على شخص أو وظيفة من يقوم بالعمل.

وقد تنوعت اتجاهات الباحثين والمتخصصين في الإشراف التربوي في الطرق الأنسب لعملية الإشراف، وكل اتجاه ينطلق من أسس تربوية نظرية تؤطر طريقته، أو يلحظ جانبا من جوانب العلمية التربوية ويركز عليه. وفيما يلى عرض لأهم الاتجاهات الحديثة في الإشراف التربوي، يشمل أهم بيان أسسها النظرية وتطبيقاتها التربوية مع تقديم ما وجه إليها من نقد.

أهمية الاطلاع على أنواع الإشراف التربوي واتجاهاته المختلفة

عرض هذه الأنواع من الإشراف التربوي لا يعني أن ألمشرف لا بد أن يحيط بها ويتقنها، أو أن أحدها هو الأفضل والحل الأمثل لمشاكل التعليم. بل المقصود أن يطلع المشرف التربوي على الاتجاهات المختلفة في حقل الإشراف التربوي

ويعرف الأسس الفكرية والتربوية التي كانت سببا في ظهورها. وهذا يعطي المشرف التربوي منظورا أكبر وخيارات أكثر للعمل في حقل الإشراف. وهذه الأنماط والاتجاهات مفتوحة للتطوير والتعديل بما يناسب شخصية المشرف أو بيئته التربوية. إذا المتأمل لها يرى أنها تتداخل مع بعضها و تستفيد من بعض.

١- الإشراف الصفي (الإكلينيكي)

ظهر هذا الاتجاه على يد جولد هامر و موريس كوجان و روبرت أندرسن الذين عملوا في جامعة هارفرد في أواخر الخمسينيات وأوائل الستينيات الميلادية. وقد جاءات تسميته نسبة إلى الصف الذي هو المكان الأصلي للتدريس. وهو يركز على تحسين عملية التدريس في الصف، معتمدا على جمع المعلومات الدقيقة عن سير عملية التدريس في الصف. و (قد كان) الهدف الرئيس من عملية الإشراف الصفي هو منح المعلم الفرصة لينال (تغذية راجعة) معلومات راجعة تمكنه من تطوير مهارات التدريس التي لديه. (كوجان ١٩٧٣ ص ٣٦).

ويحتاج الإشراف الصفي إلى وجود ثقة متبادلة بين المشرف (أو المدير) وبين المعلم. إذ أنه لا بد من المشاركة الفاعلة من المعلم، بحيث يتفق هو والمشرف على السلوك المراد ملاحظته، ويقومان بتحليل العلومات الملاحظة ودراسة نتائجها. ودون تلك الثقة المتبادلة والتعاون لا يمكن أن يحقق الإشراف الصفي هدفه. وهذا من جملة الانتقادات التي وجهت لهذا النوع من الإشراف، فتلك الثقة وذلك التعاون لا يمكن الجزم بوجودهما في كثير من الأحيان.

مراحل الإشراف الصفي :

اختلفت آراء الباحثين حول مراحل عملية الإشراف الصفي. ومـرد ذلـك إلى الاخـتلاف إلى أن بعضهم يفصل المراحل ويجزؤها والبعض الآخر يدمج بعضها في بعض. وفي الجملـة تمـر عمليـة الإشراف الصفي بثلاث مراحل:

١- التخطيط

٢- الملاحظة

٣- التقييم والتحليل

وعلى سبيل التفصيل يقترح (كوجان) ثمان مراحل.

١- تكوين العلاقة بين المعلم والمشرف.

٢- التخطيط لعملية الإشراف

٣- التخطيط لأساليب الملاحظة الصفية

٤- القيام بالملاحظة الصفية

٥- تحليل المعلومات عن عملية التدريس

٦- التخطيط لأسلوب النقاش الذي يتلو الملاحظة والتحليل

٧- مناقشة نتائج الملاحظة

٨- التخطيط للخطوات التالية.

وواضح أن هذه الخطوات يمكن دمج بعضها في بعض، ولذلك يقترح جولد هـامر خمـس مراحل:

١- نقاش ما قبل الملاحظة الصفية وفيه يتم تهيئة المعلم لعملية الإشراف الصفي وتقوية العلاقـة معه وزرع روح الثقة بينه وبين المشرف ببيان هدف المشرف التربـوي مـن عمليـة الإشراف. ويتم الاتفاق على عملية الملاحظة وأهدافها ووسائلها وحدودها. فهذه المرحلة مرحلـة تهيئـة وتخطيط لدورة الإشراف الصفي.

٢- الملاحظة:وفيها يقوم المشرف بملاحظة العلم في الصف وجمع المعلومات بالوسيلة المناسبة.

٣- تحليل المعلومات واقتراح نقاط بحث:في هذه المرحلة يقـوم كـل مـن المعلـم والمشرف عـلى انفراد بتحليل المعلومات التي جمعت في الفصل ودراستها وتحديد نقاط ومسار النقاش في المداولة الإشرافية.

٤- المداولة الإشرافية: وفيه تتم المراجعة السريعة لما تـم إنجـازه في مـا مضىـ مـن دورة الإشراف الصفي ومدى تحقق الأهداف. ويناقش فيه ما تم ملاحظته في الصف، وبماذا يفسر.

٥- التحليل الختامي :يتم في هذا التحليل الختامي تحدي ما تم في المداولة الإشرافية وما توصل إليه فيها من نتائج. أيضا يتم فيها تقييم عملية الإشراف الصفي التـي تمـت وتحديـد مـدى نجاح وفعالية كل مرحلة من المراحل. وكـذلك يـتم فيهـا تقيـيم عمـل المشرف، مـن قبـل المعلم، ومدى مهارته في إدارة مراحل الإشراف الصـفي. وف يالجملـة فهـذه المرحلـة هـي مرحلة التقييم والتوصيات لعملية الإشراف التي تمت بين المعلم والمشرف.

٢- الإشراف التطوري

يعود ظهوره إلى الدكتور (كارل جلكمان). والفرضية الأساسية فيه هي أن المعلين راشدون، و أنه يجب على الإشراف الأخذ بعين الاعتبار طبيعة المرحلة التطورية التي يمرون بها. فعلى المشرف التربوي أن يعرف ويراعي الفروق الفردية بين المعليمن. وفكرة الإشراف التطوري هي أن هناك عاملين أساسيين يؤثران على أداء المشرف وتعامله مع المعلم:

١- نظرة المشرف لعملية الإشراف وقناعاته حولها

٢- صفات المعلم.

نظرة المشرف لعملية الأشراف وقناعاته حولها :

نظرة المشرف لعملية الإشراف وقناعاته حولها، تملي عليه عشرة أنماط من السلوك. وهذا الأنماط من السلوك تحدد ثلاث طرق للتعامل في الإشراف التربوي: الطريقة المباشرة، الطريقة غير المباشرة، الطريقة التعاونية.

الطريقة غير المباشرة

١-الاستماع	٢-الإيضاح
٣-التشجيع	٤-التقديم

والطريقة غير المباشرة تقوم على افتراض أن المعلمين قادرين على إنشاء الأنشطة والبرامج التربوية التي تساعد على نموهم المهني من خلال تحليل طرقهم في التدريس. فتكون مهمة المشرف هي تسهيل العملية والمساعدة فقط

الطريقة التعاونية

٥- حل المشكلات

٦- الحوار (المناقشة)

٧- العرض

وفي هذه يتم الاجتماع مع المعلم لبحث ما يهم من أمور، وينتج من هذا الاجتماع خطة عمل.

الطريقة المباشرة

٨- التوجيه (الأمر)

٩- إعطاء التعليمات

١٠- التعزيز

ففي الطريقة المباشرة يميل المشرف إلى السيطرة على ما يجري بين المشرف والمعلم، وهذا لا يعني بالضرورة أن المشرف متسلط أو عشوائي الطريقة، بل المقصود أن المشرف يضع كل شيء يريده من المعلم ويشرحه بدقة ويبين له ما هو المطلوب منه. فهذه الطريقة تفترض أن المشرف يعلم أكثر من المعلم عن عملية التعليم، وعليه فإن قرارات المشرف المشرف أكثر فعالية من ترك المعلم يختار لنفسه. (جلكمان، 1999)

٣- **الإشراف التنوعي**

يرجع تطوير هذا النمط إلى آلان جلاتثورن. ويقوم على فرضية بسيطة وهي أنه بما أن المعلمين مختلفين فلا بد من تنوع الإشراف. فهو يعطي المعلم ثلاث أساليب إشرافية لتطوير قدراته وتنمية مهاراته ليختار منها ما يناسبه. وقد يكون هناك تشابه بينه وبين الإشراف التطوري، إلا أن الفارق بينهما هو أن الإشراف التنوعي يعطي المعلم الحرية في تقرير الأسلوب الذي يريده أو يراه مناسبا له، في حين أن الإشراف التطوري يعطي هذا الحق للمشرف.

وقبل الدخول في تفاصيل هذا النموذج ينبغي التنبيه إلى أن كلمة "مشرف" هنا تشمل كل من يمارس العمل الإشرافي، كمدير المدرسة أو الزميل، ولا تقتصر على من يشغل منصب المشرف التربوي.

خيارات الإشراف التنوعي

١- التنمية المكثفة :وهو أسلوب مشابه للإشراف الصفي (الاكلينيكي)، إلا أنه يختلف عنه من ثلاثة وجوه:

١- يركز الإشراف الصفي على طريقة التدريس، بينما أسلوب التنمية المكثفة ينظر إلى نتائج التعلم.

٢- يطبق الإشراف الصفي ـ غالبا ـ مع جميع المعلمين، مما يفقده أهميته؛ في حين أن اسلوب التنمية المكثفة يطبق مع من يحتاجه.

٣- يعتمد الإشراف الصفي على نوع واحد من الملاحظة، في حين أن أسلوب التنمية المكثفة يستفيد من أدوات متعددة. (جلاتثورن، 1997)

ويؤكد جلاتثورن على ثلاث خصائص التنمية المكثفة:

١- أهمية الفصل بين اسلوب التنمية المكثفة وبين التقييم. لأن النمو يحتاج إلى علاقة حميمة ونوع من التجاوب والانفتاح.

٢- بعد الفصل بين هذا الأسلوب والتقييم، يجب أن يقوم المعلم شخص آخر غير المشرف الذي شارك معه في هذا الأسلوب.

٣- يجب أن تكون العلاقة بين الطرفين ـ المشرف والمعلم ـ علاقة أخوية تعاونية.

مكونات أسلوب التنمية المكثفة

هناك ثمان مكونات لأسلوب التنمية المكثفة:

١- اللقاء التمهيدي. ويفضل أن يكون في اول العام الدراسي، بحيث يبحث المشرف مع المعلم الأوضاع العامة ويتحسس المشرف ما قد يحتاج إلى علاج، ويحاول توجيه العلاقة بينهما وجهة إجابية.

٢- لقاء قبل الملاحظة الصفية. لقاء يتم فيه تراجع فيه خطة المعلم للدرس المراد ملاحظته، وتحدد فيه أهداف الملاحظة الصفية.

٣- الملاحظة الصفية التشخيصية، حيث يقوم المشرف بجمع المعلومات المتعلقة بالجوانب ذات العلاقة بالأمر المراد ملاحظته، لتشخيص احتياجات المعلم.

٤- تحليل الملاحظة التشخيصية. وفيها يقوم المعلم والمشرف، جميعا أو على انفراد، بتحليل المعلومات التي تم جمعها في الملاحظة، ومن ثم تحدد النقاط التي تدور حولها النشاطات التنموية.

٥- لقاء المراجعة التحليلي. وفيه يتم تحليل خطوات الدرس وبيان أهميته لنمو المعلم.

٦- حلقة التدريب. وهو لقاء يعطي فيه المشرف نوع التدريب والمتابعة لمهارات سبق تحديدها أثناء العملية التشخيصية. وتتكون حلقة التدريب تلك من الخطوات التالية:

• التزويد بالمعلومات الأساسية لتلك المهارة

• شرح تلك المهارة وكيف تؤدى

- عرض المهارة عمليا
- تمكين المعلم من التدرب عمليا وبطريقة موجهة، مع إعطاء معلومات راجعة عن وضعه
- تمكين المعلم من التدرب المستقل، مع إعطاء معلومات راجعة عن وضعه

٧- الملاحظة المركزة. وفهيا يركز المشرف على ملاحظة تلك المهارة المحددة وجمع معلومات عنها.

٨- لقاء المراجعة التحليلي المركز. وفيه تتم مراجعة وتحليل نتائح الملاحظة المركزة.

ويلاحظ أن هذه الخطوات معقدة نوعا ما وتستهلك الوقت، إلا أن جلاتثورن يعتذر عن هذا بأن هذه الطريقة سوف تطبق مع فئة قليلة من المعلمين.

٢.النمو المهني التعاوني :والخيار الثاني من خيارات الإشراف التنوعي هو النمو المهني التعاوني. وهو رعاية عملية نمو المعلمين من خلال تعاون منتظم بين الزملاء.

مسوغات طرح النمو المهني التعاوني في الإشراف التنوعي

يذكر جلاتثورن ثلاثة مسوغات:

١- **الوضع التنظيمي للمدرسة.** فالعمل الجماعي التعاوني بين المعلمين له أثر على المدرسة أكبر من العمل الفردي، على أهميته، وكذلك للعمل الجماعي أثر في تقوية الروابط بين المعلمين، وكذلك فيه ربط بين تطور

المدرسة ونمو المعلمين. وينظر إلى نمو المعلمين على أنه وسيلة لا غاية، فهو وسيلة إلى تحسين التعلم من خلال تحسين التعليم.

٢- **وضع المشرف.** فبهذا الأسلوب، وبدوره المساند يمكن للمشرف أن يوسع دائرة عمله.

٣- **وضع المعلم،** فهذا الأسلوب يجعل المعلم يستشعر انه مسئول عن تنمية نفسه، وأنه ينتمي إلى مهنة منظمة ومقننة ونامية. كما أنه يخفف من العزلة التي يعيش فيها المعلمون غالبا، ويمكنهم من التفاعل مع زملائهم والاستفادة منهم.

صور النمو المهني التعاوني

١- **التدريب بإشراف الزملاء (تدرب الأقران):** وهو أكثر صور النمو المهني التعاوني، حيث يقوم مجموعة من الزملاء بملاحظة بعضهم بعضا أثناء التدريس، ومناقشة الجوانب السلبية واقتراح حلول لها والتدرب على تطبيقها. وتتم في هذا الأسلوب تقريبا خطوات النمو المكثف نفسها، لكنها بين الزملاء دون تدخل مباشر من المشرف. وتشير كثير من الدراسات إلى أن هناك أثرا كبيرا لهذا النوع من التدريب على نمو المعلم واكتسابه لمهارات تدريسية جديدة. كما أنه يقوي الاتصال بين الزملاء ويشجعهم على التجريب وتحسين اساليب محددة في طرق التدريس. Glatthorn 1997 p. 59)).

٢- **اللقاءات التربوية** :وهي نقاشات منظمة حول موضوعات مهنية وتربوية وعلمية لرفع المستوى العلمي للمعلمين. ويجب أن تكون هذه اللقاءات منظمة ومرتب لها حتى لا تتحول إلى كلمات لا هدف لها.

٣- **البحوث الميدانية** : وهي البحوث التي يقوم بها المعلمون وتتعلق بأمر من ألأمور التربوية العملية. وهذا النوع من البحوث يساهم في دعم العمل الجماعي بين المعلمين ويساعد على تطوير التدريس ورفع مستوى المعلمين التربوي والعلمي والمهني.

ويمكن لكل مدرسة، على ما يراه جلاتثورن، أن تصوغ ما يناسبها من صور النمو المهني التعاوني. ويؤكد جلاتثورن على أن هذا الخيار لا يؤتي ثماره المرجوة إلا بتوفر الشروط التالية:

- وجود الجو التربوي العام الذي يدعم العملية
- مشاركة القاعدة، وهم المعلمون، ودعم القمة، وهم المسئولون.
- لزوم البساطة والبعد عن التكلف والرسميات المبالغ فيها.
- إيجاد التدريب اللازم.
- الترتيب لإيجاد الوقت اللزم.
- مكافأة المشاركين.

٤- **النمو الذاتي:** والخيار الثالث من خيارات الإشراف المتنوع هو النمو الذاتي. وهو عملية نمو مهنية تربوية يعمل فيها المعلم منفردا لتنمية نفسه. وهذه الطريقة يفضلها المعلمون المهرة وذوو الخبرة. ففي هذا الخيار يكون نمو

المعلم نابعا مـن جهـده الـذاتي، وإن كـان سـيحتاج مـن وقـت لآخـر إلى الاتصال بالمـدير أو المشرف.

يقوم المعلم بوضع هدف أو أكثر من أهداف النمو لمدة سنة. ويضـع خطـة لتحقيـق هـذا الهدف أو الأهداف، ثم ينفذ الخطة، وفي النهاية يقيم ويعطي تقريرا عن نموه. ودور المشرف هنا هو المساندة وليس التدخل المباشر.

ولنجاح عملية النمو الذاتي ينبغي مراعاة النقاط التالية:

١- إعطاء التدريب الكافي لمهارات الإشراف الذاتي، مثل:

أ. وضع وصياغة الأهداف، فقد وجدت بعض الدراسـات أن المعلمـين يعـانون مـن مصـاعب في وضع الأهداف.

ب. تصميم خطط واقعية وفاعلة لتحقيق الأهداف

ت. تحليل تسجيلات المعلم نفسه، حيث أن كثيرا من المعلمين يجد صعوبة في ملاحظـة نفسـه وتحليل ما يراه مسجلا أمامه من سلوكيات التدريس.

ث. تقييم التقدم والنمو.

٢- إبقاء البرنامج بسيطا، وإبعاده عن التعقيد مثل الإكثار من الأهـداف أو اللقـاءات الإعداديـة أو الأعمال الكتابية.

٣- توفير المصادر اللازمة.

٤- إيجاد وسائل للحصول على معلومات راجعة عن التنفيـذ، فمـن أهـم عيـوب هـذا الأسـلوب عدم وجود تلك الوسائل، فالمعلم يعمل لوحده، وليس لديه من يزوده بتلك المعلومات.

٥- تشجيع المعلمين على العمليات التي تركز على التفكير والتأمل في عمل المعلم نفسه. ووضع ملف تراكمي لأداء المعلم يساعد على هذا.

ويلاحظ أن الإشراف المتنوع يسعى إلى الاستفادة من أساليب الإشراف الأخرى وتطويعها لتناسب أكبر قدر من المعلمين. كما أنه يحاول تزويد المعلمين بأكبر عدد من عمليات الإشراف وأنشطته ليتمكن كل معلم من اختيار ما يناسبه ويحقق نموه العلمي والمهني. فالمرونة من أهم سمات هذا الأسلوب الإشرافي وهي التي تعطيه القدرة على التكيف مع الأوضاع المدرسية المختلفة.

أساليب الإشراف التربوي :

الاسلوب : هو مجموعة من اوجه النشاط يقوم بها المشرف التربوي والمعلم والتلاميذ ومديري المدارس من اجل تحقيق اهداف الإشراف التربوي.

وكل اسلوب من اساليب الإشراف التربوي ما هو إلا نشاط تعاوني منسق ومنظم ومرتبط بطبيعة الموقف التعليمي ومتغير بمتغيره في اتجاه الاهداف التربوية المنشودة،وتنوعت وتعددت اساليب الإشراف التربوي في الوقت الحاضر إلا اننا لا نستطيع القول أن اسلوبا واحدا منها هو الافضل مع كل المعلمين ، وفي كل المواقف ، وفي جميع المدارس وفي كل الظروف ، لان الإشراف التربوي متغير بتغير الاهداف التربوية وبتغير المواقف التربوية

ومن ثم سيجد المشرف التربوي نفسه امام اكثر من متغير وأكثر من احتمال، وقد يجد نفسه مضطرا لاستخدام هذا الاسلوب أو ذاك أو المزج بينهما أو المزاوجة بين عدة اساليب ليواجه متطلبات المواقف التعليمية التي يشرف عليها.

لم تعد عملية الإشراف في الوقت الحاضر تقتصر على مشاهدة عمل المعلم داخل الصف الدراسي، ومتابعة مدى تنفيذه للأوامر والتعليمات بل امتدت لتشمل مجالات كثيرة منها الطالب و طرائق التدريس،والمنهج بمفهومه الواسع،والانشطة المدرسية،والوسائل التعليمية،والكتاب والمكتبات،والاختبارات والشؤون المالية والإدارية.

من هنا تنوعت اساليب الإشراف التربوي في عصرنا الحاضر وأصبح المشرف يستعين بأكثر من اسلوب في تأديته للأعمال الموكله به.

ويمكن تقسيم الأساليب مباشرة وغير مباشرة ، فإذا كان للمشرف التربوي الدور الرئيس في الأسلوب غير المباشر ، فإننا لا نجد حدوداً واضحة بي الأساليب المباشرة وغير المباشرة ، فالنشرات التربوية يعد أسلوباً غير مباشر ؛ لأن فاعليتها تتوقف على مدى إيجابية المعلم في قراءتها وتنفيذ مضامينها بنفسه ، وتعد أسلوباً مباشراً لما يبذله المشرف التربوي من جهد في متابعتها ومناقشتها مع المعلمين ، وهذا التقسيم بين الأساليب الفردية والجماعية ، المباشرة وغير المباشرة ، يستخدم من أجل الدراسة التحليلية ليس إلا .

ويلاحظ أنه ليس هناك أسلوب واحد يستخدم في الإشراف التربوي ، يمكن أن يقال عنه إنه أفضل الأساليب ، كما أنه قد يستخدم في المواقف والظروف ، حيث أن كل موقف تعليمي يناسبه أسلوب من الأساليب ، كما أنه قد يستخدم في الموقف التعليمي الواحد أكثر من أسلوب ، فقد يتطلب الأمر أن يزور المشرف التربوي المعلمين في فصولهم لتشخيص مشكلة تواجههم ،وقد يترتب على هذه

الزيارة عقد اجتماع عام لهم أو تنظيم ندوة تربوية لمناقشة المشكلة ، وقد يتخلل كل هذا قراءات يوجه المشرف التربوي المعلمين إليها .

ومن هنا كان لكل أسلوب إشرافي مدى ، واستخدامات ، ومقومات تحدد مدى فاعليته ونجاحه ومن أهم هذه المقومات ما يلي :

١- ملاءمة الأسلوب الإشرافي للموقف التربوي وتحقيقه للهدف الذي يستخدم من أجله .

٢- معالجة الأسلوب الإشرافي لمشكلات تهم المعلمين وتسد احتياجاتهم .

٣- ملاءمة الأسلوب الإشرافي لنوعية المعلمين من حيث خبراتهم وقدراتهموإعدادهم.

٤- إشراك بعض المعلمين في الحقل التربوي من معلمين ومديرين ومسئولين في اختيار الأسلوب الإشرافي وتخطيطه وتنفيذه .

٥- مرونة الأسلوب الإشرافي بحيث يراعي ظروف المعلم والمشرف والمدرسة والبيئة والإمكانيات المتاحة

٤- مرونة الأسلوب الإشرافي بحيث يراعي ظروف المعلم والمشرف والمدرسة والبيئة و الإمكانيات المتاحة.

٦. اشتمال الأسلوب الإشرافي على خبرات تسهم في نمو المعلمين في شؤون العمل الجماعي، و العلاقات الاجتماعية، و المهارات.

٧. تتنوع الأساليب الإشرافية وفق حاجات المعلمين والميدان.

تختلف الاساليب الإشرافية من حيث اهميتها وأهدافها ويمكن تقسيمها إلى قسمين

اولا : الأساليب الإشرافية الفردية:

وسميت كذلك لأنها تقتصر على المشرف والمعلم فقط أو المشرف ومدير المدرسة، ومن امثلتها:

- زيارة المدرسة.
- زيارة المعلم في الصف.
- المقابلة الفردية بعد زيارة الصف .
- التزاور(زيارة المعلم لزميل في صفه وبإشراف أو توجيه من المشرف التربوي)
- الإشراف بدعوة المعلم.

ثانيا : الاساليب الإشرافية الجماعية:

حيث يقوم المشرف التربوي بمفرده بصورة عامة وقد يتعاون مع زملائه في القليل منها كما تشمل مجموعة من المعلمين اوالمديرين ، ومن امثلتها :

- الدروس التدريبية
- الاجتماع بالهيئة التعليمية.
- الورش التربوية
- البحوث العلمية.
- المؤتمرات التربوية

- الدورات التدريبية.

- النشرات الإشرافية .

- الندوات التدريبية .

- اللجان العامية المتخصصة

- الحلقات الدراسية.

- اجتماع المشرف بمعلمي مادة معينة أو صف معين .

- المحاضرات.

ويفترض في المشرف التربوي أن يكون مدركا لكافة الأساليب والطرق التي يمكن أن تساعد المعلمين على التغير والتطوير والسير نحو الافضل .

فالمشرف التربوي : انسان مبدع قادر على استعمال الأساليب والوسائل التي يراها مناسبة في ظروف معينة مع اشخاص معينين ولديه إمكانية التبديل والتعديل في هذه الأساليب بالشكل الذي يتطلبه الموقف التربوي ، وان يمارس الأساليب الجديدة تبعا للمواقف التعلمية الطارئة .

وهدف هذه الأساليب هو تحسين البرنامج التعليمي من ناحية ،وتحسين أداء المعلمين من ناحية اخرى.

الأساليب الإشرافية الفردية:

١- زيارة المدرسة:

ويرى دود(DOD) أن اسلوب زيارة المدرسة هي احدى الطرق المتبعة لتحسين مستوى التعليم ، وهذه الطريقة لن تكون ناجحة مالم تكن بناءة ، بالإضافة إلى أن من واجب المشرفين أن يقوموا بأعمال الإشراف على المدارس باستمرار ووفق اسس منظمة ومخطط لها علما بان لكل مدرسة مشكلاتها وهذه المشكلات لا يمكن التخلص منها ولن تعالج إلا بالزيارات الحقيقية الفعالة للمدارس ، وهذا يكون بتعاون كل من المشرف والإدارة والمعلمين.

وزيارة المشرف الاولى للمدرسة تكون في بداية السنة الدراسية غرضها التعرف على مدير المدرسة والهيئة التعليمية وما تحتاج اليه المدرسة في المجالات المختلفة.

بعض الامور الادارية التي يتوجب على المشرف التربوي ملاحظتها من خلال زيارته للمدرسة :

- تناسب توزيع الصفوف على المعلمين بما يتوافق مع امكاناتهم وميولهم وكفاءاتهم العلمية.
- مدى تحقيق برنامج الدروس الاسبوعي لفائدة التلاميذ.
- اللجان المدرسية ومدى قيامها بمدى تنفيذ مشاريعها وخططه .
- مدى الدقة والتنظيم والعناية بالسجلات المدرسية المختلفة.
- الامتحانات المدرسية : طبيعتها ، أسئلتها ، تسجيل درجاتها ، دلائلها.

• المشكلات المدرسية الملحة الخاصة بالمدرسة والمعلمين والتلاميذ.

• طبيعة العلاقات السائدة بين أعضاء الهيئة التعليمية بما فيهم مدير المدرسة.

• طبيعة الفعاليات وطرق التدريس التي يمارسها المعلمين ومدى ملاءمتها لتحقيق الأهداف التربوية.

أصول استخدامها : يجب على المشرف التربوي عند زيارته المدرسة أن يراعي الأصول التربوية التالية :

- أن تتم وفق خطة مرنة ومنتظمة.

- أن يحدد الهدف أو الأهداف من الزيارة في ضوء ظروف كل مدرسة .

- أن يتفق مع الإدارة التعليمية وإدارة المدرسة على موعد الزيارة وهدفها .

- أن يحصل على معلومات كافية عن معلمي المدرسة بهدف توجيه الاهتمام نحو من هو أحوج إليه من المعلمين .

أهدافهــــا :

١- إسهام المدرسة في خدمة المجتمع المحلي ورفع مستواه .

٢- تأثير المدرسة في تحسين ظروف التلاميذ وتغيير تفكيرهم وسلوكهم بما يتلاءم والأهداف التربوية .

٣- مشاركة التلاميذ في النشاطات والفعاليات الثقافية والرياضية .

٤- توزيع الجدول المدرسي ومدى مراعاته للأصول الفنية والأهداف التربوية .

٥- مدى دقة السجلات والملفات المدرسية وتنظيمها والعناية بها .

٦- توزيع الصفوف على المعلمين بما يتوافق مع إمكانياتهم وميولهم وكفاءتهم العلمية.

٧- معالجة المشكلات المدرسية الملحة الخاصة بالمدرسة و المعلمين و التلاميذ .

٨- الاختبارات المدرسية (طبيعتها- أسئلتها- تدوين درجاتها- دلالاتها)

علاقاتهـــــا :

وفي مجال العالقة بين المشرف التربوي ومدير المدرسة يراعي ما يلي :

١- التشاور المتبادل بين المشرف ومدير المدرسة في كل القضايا التي يشعر أحدهما بأن لها علاقة بواجبات الآخر وصلاحياته.

٢- تبادل الخبرات التربوية الناجحة في مجال الإشراف و الإدارة و أساليب التعلم ومشكلاته.

٣- المشاركة في وضع البرامج والخطط المتصلة بالنشاط و التقويم و اقتراح العلاج المناسب.

٢- الزيارات الصفية:

وهي من اقدم اساليب الإشراف التربوي ، إلا انها لا تزال تعد من اهمها ، لأنها تتيح الفرصة للمشرفين التربويين الفرصة ليجمعوا معلومات عن جميع عناصر الموقف التعليمي : (المعلم – الطالب – المنهج- طرائق التدريس والوسائل التعليمية – البيئة التي يتم فيها التعلم (المدرسة)).

انواع الزيارات الصفية :

١- **الزيارات المرسومة :** أي أن يخطط المشرف لعدة زيارات مـن بدايـة العـام وتكون الزيارات لجميع المعلمين المخصصين له سواء المعلمين القدامى وحديثي التخرج والضعاف ، وذلك عن طريق ارسال جدول عن مواعيد تلك الزيارة إلى المدارس ، فيتمكن المشرف مـن معرفـة احسن ما يستطيع المعلم تقديمه وأقصى التقدم الذي يمكنه أن يصل اليه.

٢. **الزيارات المطلوبة :** وتكون بناء على دعوة المعلم للمشرف يطلب فيها زيارته في الصف الـذي بالتدريس له ليطلعـه عـلى بعـض الانشـطة ، أو طالبـا مسـاعدته في حـل مشـكلة تربويـة صادفته ، أو يعرض امامه طريقة تدريس جديدة ، وينبغـي عـلى المشـرف تلبيـة الـدعوة ، لأنها تعبر عن موقف ايجابي .

٣. **الزيارات المفاجئة :** بأنها تتم عن طريق زيارة المشرف التربوي للمدرسة دون سابق موعـد أو دعوة يوجهها المعلم للمشرف وتحاط دائما بالسرية والكتمان بهدف ضبط عيـوب وأخطـاء المعلم.

اهداف الزيارات الصفية وفوائدها:

مشاهدة المواقف والفعاليات التربوية بصورة طبيعية وعلى حقيقتها.

ملاحظة مدى نمو التلاميذ ومشاركتهم في الفعاليات الصفية.

الاطلاع على كيفية تطبيق المعلم للمنهج والصعوبات التي تواجهه في هذا المضمار.

ملاحظة الظروف والعوامل المؤثرة في الموقف التعليمي مثل حجم الصف ، صلاحيته للدراسة ، عدد التلاميذ فيه ، كمية النور التي تدخله وغيرها من الجوانب اعتماد زيارة الصف مجالا لتوفير المعلومات عن المعلم والتلاميذ والمدرسة.

التعرف على مدى تحقيق المعلمين لتوصيات المشرف التي اتفق معهم عليها في الزيارة السابقة.

٣- المقابلة الفردية بعد زيارة الصف:

وتتم بين المشرف التربوي والمعلم وهي ما يدور من مناقشات بين المشرف التربوي واحد المدرسين حول بعض الوسائل المتعلقة بالأمور التربوية العامة التي يشتركان في ممارساتها سواء اكانت هذه المناقشات موجزة ام مفصلة.

انواع المقابلات الفردية:

المقابلة الفردية التي لا يسبقها زيارة للصفوف الدراسية.

المقابلة الفردية بعد زيارة الصفوف الدراسية.

اهداف المقابلة الفردية:

• التعرف على المعلم.

• تعرف المعلم على نفسه.

• غرس الثقة بالنفس.

• التآلف المهني.

• ازالة الشكوك.

• تبادل الافكار مع المعلمين.

اهمية المقابلة الفردية:

- تتيح للمشرف فرصة بان يخدم المعلمين بإشراكهم معه فيما اكتسبه من خبرات وما تعلمه اثناء تدريبه ودراسته.

- تمنح المشرف فرصة بان يتأكد من أن المعلم قد استفاد من المقترحات التي قدمت في الاجتماع العام.

- تمكن المعلم من طرح مشاكله الشخصية والمهنية التي يعاني منها .

- تتيح للمعلم ليطلع على الملحوظة التي لاحظها المشرف اثناء زيارته للصف الدراسي ومناقشته معها.

٣- التزاور وهو تبادل الزيارات بين المعلمين تحت إشراف المشرف التربوي:

انواع تبادل الزيارات :

- زيارة المعلم لزميله في المدرسة التي يعملان بها.

- زيارة معلم اخر في مدرسة اخرى من المدارس القريبة.

اهمية التزاور:

- هو اسلوب إشرافي مرغوب فيه ، وفعال يزيد من ثقة المعلم بنفسه ويطلق ابداعه.

- يمكن المعلم من الاطلاع على المشكلات والصعوبات التي يعيشها زملاؤه المعلمون وعلى الحلول التي يواجهون بها هذه الحلول .

- تمكن المعلم من الاطلاع على اساليب التدريس في مختلف المدارس أو المراحل التعليمية.

محاذير اسلوب التزاور:

- يمكن أن تثار حساسية خاصة عند بعض المعلمين ، ويمكن القضاء على هذه الحساسية مـن خلال توضيح اهداف الزيارة أو من خلال رد الزيارة ليكون المعلم زائرا في مرحلة اخرى .

- يحذر من تقليد بعض المعلمين لزملائهم بالرغم مـن اخـتلاف ظروفهم وطلابهـم وطبيعـة مدارسهم

المداولات الإشرافية(اللقاء الفردي):

مفهومها:

هي عبارة عن كل ما يدور من مناقشات أو مشاورات بين المشرف التربوي والمعلم حـول بعض المسائل المتعلقـة بـالأمور التربويـة العامـة، أو أسـاليب التعلـيم أو مشـكلات تعليميـة أو ملحوظات تتصل بكفايات المعلم العلمية أو المهنية.

أنواعها:

تتنوع المداولات الإشرافية بين المشرف التربوي والمعلم حسب الحاجة إليها:

أ- فقد تكون في وقت يرى فيه المشرف التربوي أن لديه خبرة أو تجربـة جديـدة يريـد أن يـدلي بها.

ب- وقد تتم بناء على طلب معلم يرى أن استمراره في العطاء يتطلب مثل هذا اللقاء.

ج- وقد تتم قبل زيارة المشرف التربوي للمعلم (خاصة الجديد) في غرفة الصف, وذلك لطمأنته وتبديد دواعي الرهبة والخوف لديه وبناء جسور من المودة والثقة بينهما.

د- وقد تكون بعد الزيارة الصفية (خاصة مع المعلم القـديم) لمناقشـة بعـض المسـتجدات التـي طرأت في أثناء عرض الحصة، أو لإتمام مناقشة قضية تمت إثارتها في مداولة سابقة.

أهدافها:

أ- تعرف اتجاه المعلم نحو مهنته، والوقوف على آماله وميوله، وكل ما يـؤثر في عملـه أو يعـوق نموه.

٢- مساعدة المعلمين على معرفة ما لديهم من مواهب، وكفايات، وقدرات، والتوصـل إلى أفضل السبل لاستثمارها على الوجه الأكمل.

٣- تهيئة المعلمين لتحمل المسؤولية وتقدير الظروف.

٤- مؤازرة اجتماعات المعلمـين، وتكميلها لأن هنـاك بعـض القضايا التـي تحتاج إلى مـداولات إشرافية مع كل معلم على حدة لتتضح الأمور الغامضة لديه.

٥- تقدير العاملين والتعبير عـن شـكرهم ومكافـأتهم بـالتركيز عـلى الأعـمال البنـاءة والجوانـب المشرقة والجهود الموفقة.

٦- تبادل الآراء والأفكار والخبرات، ذلك لأن المشرف يأخذ بقدر ما يعطي، ويشـارك غـيره الـرأي، ويسهم في إيجاد جو من المحبة وحسن الاستعداد لدى المعلم لقبول ما يقترحه.

إجراءاتها:

ا- أن تتم المداولة بين المشرف والمعلم في وقت مناسب لكليهما.

٢- أن تعقد بعد فترة وجيزة من الزيارات الصفية بحيث تتيح للمشرف فرصة ليعد لها الإعـداد المناسب

٣- أن تكون في مكان هادئ يرتاح إليه المعلم ويأمن فيه من كثرة المقاطعات.

٤- أن تتم مناقشة المعلم في لقاء فردى.

٥- أن يكون النقاش موضوعيا قائما على تبادل الرأي و الاحترام المتبادل.

٦- أن يستهل المشرف التربوي اللقاء بالإيجابيات؟ لأن ذلك أدعى إلى تعزيز ثقة المعلـم بنفسـه وتقبل ملحوظات المشرف وتنفيذ توجيهاته.

٧- أن يغض المشرف الطرف عن الأخطاء اليسـيرة التـي يـم!ن أن يـتخلص منهـا المعلـم بعـد أن يشتد عوده في الميدان.

٨- أن يهتم المشرف في أثناء النقاش بـربط أداء المعلـم بـالنواتج التعليميـة، بغـرض التوصـل إلى أفضل الأساليب التعليمية وأكثرها فاعلية في تحقيق الأهداف.

٩- أن يتجنب المشرف إلزام المعلمين بالنظريات التربوية البعيدة عن التطبيق في الواقع الميداني.

١٠- أن يقنع المشرف التربوي المعلم بأهمية النقد الذاتي من أجل تعزيز ثقته بنفسه

الاساليب الإشرافية الجماعية:

١- **الدروس التدريبية :**

وهي عبارة عن نشاط عملي يهدف لتوضيح فكرة أو طريقة أو وسيلة أو اسلوب تعليمي يرغب المشرف التربوي في اقناع المعلمين بفعاليتها وأهمية استخدامها فيقوم المشرف بتطبيق الفكرة امام عدد من المعلمين أو قد يكلف احد المعلمين بتطبيق هذه الفكرة امام زملائه.

اهداف الدروس التدريبية :

• تعطي الروس التدريبية الدليل على امكان تطبيق الافكار والأساليب التي يتحدث عنها المشرف.

• تتيح مناقشة الافكار والصعوبات التي تعترض عملية التطبيق وإمكانيته في مختلف الظروف.

• اثارة دافعية المتعلمين لتجريب واستخدام طرق جديدة.

• تزيد من ثقة المعلم بنفسه .

• اكساب المعلمين مهارة استخدام اساليب مبتكرة مما يساعد بالتالي على تطوير وتحسين ادائهم.

• اتاحة الفرصة للمشرف لاختيار فاعلية افكاره وإمكانية تطبيقها في الظروف المتاحة

• توثيق الصلة بين المشرفين والمعلمين من خلال التعاون المشترك.

الخطوات التي يجب اتباعها في عملية تنظيم الدرس التدريبي :

بعد بدء السنة الدراسية أو خلالها تبلور لدى المشرف مجموعة من الافكار حول بعض المعوقات التي يعاني منها بعض المعلمون في موضوعات معينة أو عدم قدرة بعضهم على استخدام وسيلة معينة فيعهد المشرف إلى احد المعلمين الاكفاء أو المبتكرين بإعداد درس تطبيقي .

يوضح المشرف للمعلم الفكرة المطلوبة التركيز عليها ثم يتعاونا للتخطيط للدرس ويهيئان الوسائل التعليمية المناسبة له.

يعمم بواسطة المديرية العامة للتربية في المحافظة على المعلمين كتاب يشار فيه إلى مكان الدرس التدريبي وزمانه وموضوعه ويلزم المعلمين بحضوره بصورة عامة مع الاتفاق على وقت الدرس التطبيقي .

يحضر المشرف والمعلم قبل وقت الدرس بمدة ويقدم المشرف المعلم لزملائه ويوضح لهم الغرض من الدرس التدريبي وأهدافه وبعد انتهاء الدرس يقوم المشرف بإدارة مناقشات المعلمين المشاهدين حول جوانب القوة والضعف في الدرس ومدى تحقيقه لأهدافه وذلك بعد خروج التلاميذ من الصف .

الشخص الذي يطبق الدرس التدريبي:

- المشرف التربوي نفسه .

- مدير المدرسة.

- معلم كفؤ ذو خبرة.

شروط المدرس:

١- واسع المعرفه بما يمارسه ويطبقه

٢- تتوفر عنده المهارات المعرفية والمسلكية .

محاذير الدروس التدريبية:

يخشى أن يقلد المعلم المشاهد المعلم أو المشرف الذي يقوم بتطبيق الدرس تقليدا اعمى بغض النظر عن اختلاف الظروف والبيئة والتلاميذ.

٢- الاجتماع بالهيئة التعليمية :

الاهداف:

• تزويد الهيئة التدريسية بادراك عام لمعني التربية وبالمهمة الخاصة التي تؤديها المدرسة.

• التغلب على صعوبات لم يستطع المعلمون تخطيها سواء في الاهداف أو المناهج أو الانشطة
.

• الاتفاق على بعض الوسائل التربوية التي يؤمل أن تؤدي إلى تحسين العملية التربوية.

• حـث المعلمـين في سلسـلة مـن الاجتماعـات عـلى أن يسـاعدوا انفسـهم في التعـرف عـلى حاجاتهم وتحليل مشكلاتهم .

• طبيعة علاقة المدرسة بالمجتمع المحلي ومبادرة المدرسة للتعاون في هذا المجال

انواع الاجتماعات:

الاجتماع الفردي : أي اجتماع المشرف مع المعلم نفسه .

الاجتماع مع المعلمين كجماعة : أي اجتماع المشرف مع معلمي مـادة دراسـية معينـة أو مع معلمي صف لمادة دراسية معينة أو لمرحلة معينة أو لاجتماعه مع كل معلمي مدرسة معينة

ميزات هذا الاسلوب:

انه اكثر توفيرا لوقت المشرف التربوي من الاجتماعات الفردية .

تبادل الخبرات.

٣- **الورش التربوية (المشغل التربوي):**

التعريف : تنظيم تعاوني توفر له امكانيات بشرية ومادية كبـيرة وتقـام لمجموعـات مـن المعلمين يختارون حسب شروط معينة من اجل دراسة المسائل والمشاكل التي تهمهم في جانب أو اكثر من جوانب العملية التربوية .مثل :اعداد الخطط السنوية ، اعداد الاختبـارات ، انتـاج وسيلة تعليمية معينة مناقشة مشكلات تدريس صف معين في مبحث معين ، وغيرها .

اعضاء الورشة التربوية:

- المشرفون.
- ويستعان بمستشارين لهم خبرة سابقة في مجال الورش التربوية.
- معلمي مدارس تم اختيارهم وفقا للعوامل التالية:
- تحمس المعلم ورغبة العمل في الورش التربوية.
- نوع المشكلة التي يريد أن يشتغل بحلها .
- حاجته إلى مزيد من الخبرة.

اهداف الورش التربوية التي حددها كيلي(Kelley)

- وضع المعلمين في مواقف تساعد على إزالة الحواجز بينهم مما يمكنهم من التفاهم بشكل افضل.

- إتاحة فرص النمو للمعلمين عن طريق العمل لتحقيق أهداف مشتركة.

- توفير فرص للمعلمين لموجهة المشكلات التي تهمهم.

- وضع المعلمين في مواقف يتحملون فيها مسؤوليات ومهام التعليم.

- إكساب المعلمين خبرة في العمل التعاوني.

- تعريف المعلمين طرقا وأساليب يستطيعون استخدامها عند العودة إلى مدارسهم.

- توفير الفرص أمام المعلمين لإنتاج تقنيات تفيدهم في عملهم المدرسي.

- إيجاد المواقف التي يقوم بها المعلمون بتقويم جهودهم وأعمالهم.

- توفير الفرص والمواقف التعليمية التي تساعد المعلمين على ارتفاع روحهم المعنوية

٤- اجتماع المشرف بمعلمي مادة معينة أو صف معين .

يعقد المشرف التربوي اجتماعا بمعلمي صف معين عندما يلاحظ انخفاض المستوى العلمي لتلاميذ ذلك الصف في بعض المواد الدراسية ليتدارس معهم أسباب ذلك الانخفاض والوسائل الكفيلة برفع مستوى التلاميذ ودور كل منهم في هذه الناحية .

كذلك يعقد المشرف التربوي اجتماعا بمعلمي مادة معينة في المدرسة لوجود بعض المشكلات التعليمية في تلك المادة حيث يكون هدف الاجتماع توجيه أو

ارشاد المعلمين إلى طرق تدريس معينة أو حث المعلمين إلى قراءة بعض الموضوعات التي تساعدهم على النمو في مجال المهنة .

٥- البحوث التربوية:

وجب على المشرف التربوي أن يكون ملما بأساليب البحث العلمي ووسائله حتى يقوم هو نفسه ببعض البحوث والتجارب العلمية في ميدان التربية ويرشد المعلمين ويساعدهم في استخدام هذه الاساليب خطوات طريقة البحث العلمي :الشعور بالمشكلة ، تحديد المشكلة ، جمع المعلومات حول المشكلة ، فرض الفروض، تجريب الفروض ، الاستنتاج في ضوء التجريب ، التحقق من النتائج ، صوغ التعميمات .

وقد اشار بعض المختصون في مجال الإشراف التربوي إلى أهمية الطريقة العلمية وتنمية الاتجاه العلمي في مجال الإشراف وذلك اشارتهم إلى اهمية استخدام الطريقة العلمية بالحد الذي يسمح بالتطبيق في مجال العلوم الانسانية المتبادل بين كافة اعضاء المؤتمر .

٦- المؤتمر التربوي.

أهداف المؤتمر التربوي:

- تعريف المعلمين بموضوعات علمية أو مهنية ذات صلة بممارساتهم.

- تنمية روح التعاون بين المعلمين المشتركين في المؤتمر وبين الهيئات الاجتماعية الموجودة في المجتمع المحلي للمحافظة.

- توفير فرص يتفاعل فيها المعلمين مع قضايا تربوية تتم مناقشتها من المختصين

- ولكي تتحقق لهذه المؤتمرات أهدافها فلا بد من التخطيط السليم لها وأن يكون تخطيطا تشاركيا وأن يتم تقويم نتائج هذه المؤتمرات من المشاركين أنفسهم .

٧- الدورات التدريبية التربوية.

التعريف : هي الدورات التي تعقد لمعلمين أثناء الخدمة على مستوى إدارات التعليم ، أو في كليات التربية أو المعاهد المتخصصة أو الكليات المتوسطة لإعداد المعلمين لتأهيلهم تربويا ، أو إكسابهم خبرات جديدة ومعلومات ثقافية ومهنية للرفع من طاقاتهم الإنتاجية .

الأهداف:

- تجديد معلومات المعلمين باطلاعهم على الأساليب التعليمية الجديدة.
- التدريب على صنع الوسائل التعليمية واستخدامها.
- إثارة النمو المهني للمعلمين ودفعهم إلى الاستزادة من الاطلاع والمتابعة.
- اطلاع المعلمين على ما يستجد من اتجاهات تربوية حديثة.
- تزويد المعلمين أو المدرسين بمعلومات ثقافية ذات مردود إيجابي.

أنواع برامج التدريب التربوي ودور المشرف التربوي فيها.

أ- برامج تدريب المعلمين الجدد :

حيث تعين الوزارة كل سنة عددا من المعلمين من خريجي الجامعات أو مع من يتم التعاقد معهم ، حيث يتم توزيعهم على المدارس ، وهنا يأتي دور المشرف، حيث ينظم برنامجا خاصا لتوجيه أولئك المعلمين حتى يعرفهم بأعمال مهامهم الجديدة ، والتعارف مع المدير والمدرسين والطلاب ، ويعمل على تبادل الزيارات مع القدامى .

ب- برامج التدريب أثناء الخدمة: لاطلاعهم على كل جديد أثناء الخدمة.

ج- البرامج التجديدية : وهي فرصة لتبادل الآراء والخبرات بين العاملين في مجال التربية والتعليم وذلك بتنظيم حلقات لمناقشة البحوث التربوية والنتائج التي تم التوصل إليها .

٨- النشرات الإشرافية :

هي وسيلة اتصال مكتوبة بين المشرف والمعلمين يستطيع المشرف من خلالها أن ينقل إلى المعلمين خلاصة قراءاته ومقترحاته ومشاهداته بقدر ومعقول من الجهد والوقت.

الأهداف:

- تساعد على توثيق الصلة بين المشرف والمعلمين.

- تخدم أعداد كبيرة من المعلمين في أماكن بعيدة.

- توفر للمعلمين مصدرا مكتوبا ونموذجا يمكن الرجوع إليه عند الحاجة .

- تعرف المعلمين ببعض الأفكار والممارسات والاتجاهات التربوية الحديثة على المستوى المحلي والعالمي

- تثير بعض المشكلات التعليمية لحفز المعلمين على التفكير واقتراح الحلول الملائمة لها.

- توضيح للمعلمين أهداف خطة المشرف وتحدد بعض أدوارهم فيها .

- تزودهم بإحصاءات ومعلومات ووسائل تعليمية حديثة.

- الموضوعات التي تشملها النشرات الإشرافية:

- قوائم بأسماء المراجع المفيدة في موضوعات معينة تهم المعلمين.

- أخبار المدارس الأخرى وما يعمله المعلمون فيها.

- أخبار التحصيل المدرسي في المدارس المحلية وخاصة ما يتصل منها بتقـديم التلاميـذ مثـل نتائج الاختبارات .

- نتائج الأبحاث والتقارير التي أثارت انتباه المشرف في مجلات تربوية تصدر في الدولـة أو في الدول الأخرى.

- الإشارة إلى مقتطفات من الكتب والمقالات والأحاديث التي تفيد المعلمين وتستثيرهم عـلى العمل.

- عرض مختصر لما ينشر من الكتـب المهنيـة والمقـالات والمجـلات السنوية التـي تهـم هيئـة التدريس.

- اجتماعات ولقاءات مقبلة بين المشرف والمعلمين وتلخيص بعض النتـائج التي توصل إليهـا المعلمون ونشاطات تعليمية تم تطبيقها في مواقف تعليمية.

٩- الندوات التربوية:

هي نشاط جمعي هادف يتولى فيه عدد من المختصين أو الخبراء (ثلاثة إلى ستة) عـرض الجوانب المختلفة لمشكلة أو موضوع محدد على مجموعة من المعلمين

الأهداف:

- عرض خبرات مجموعة من الناس لا خبرة شخص واحد ، مما يتيح للمشارك فرصـة المقارنـة والتمييز في مختلف الآراء والاتجاهات .

- توفر فرصة ممتازة لتبادل الرأي وتحسين التواصل بين المشتركين بعضهم مع بعض.

- إتاحـة نـوع مـن التغـير يسـاعد عـلى شـد انتبـاه المشـتركين ، وزيـادة حماسـهم للموضوع.

تنظيم الندوة وإدارتها:

يكون للندوة عادة رئيس مهمته التنسيق بين أعضاء الندوة وتحديد أدوارهم فيها ، وإدارة النقاش ، وتلخيص الأفكار الرئيسية ، ويمكن أن يتولى المشرف نفسه رئاسة الندوة، أو يكلف بها أحد أعضاء الندوة أنفسهم أو أحد المديرين أو المعلمين المتمرسين حسب طبيعة الموضوع ، وظروف المشرف والمعلمين.

١٠- اللجان العلمية المتخصصة:

الأهداف:

- إعطاء الدور الرئيس للمعلم في عملية التدريب من خلال المشاركة الفعلية في تبادل الخبرات بين معلمي الاختصاص الواحد.
- إشاعة روح العمل الجماعي بين العاملين في التعليم .
- تقديم الدراسات الميدانية ذات الطابع العلمي لبعض المشكلات التعليمية القائمة فعلا وإعطاء التوصيات الضرورية لمواجهتها.
- معرفة وجهات نظر المعلمين والمديرين والمشرفين التربويين بالمناهج والكتب المدرسية والوسائل التعليمية.
- إظهار بعض النتائج التعليمية ذات الطابع التخصصي ضمن القطاعات التربوية كالمعارض والمواسم التربوية والثقافية والمباريات التربوية .

١١- الحلقات الدراسية:

تهدف الحلقات الدراسية إلى بحث موضوع معين ينال اهتمام المشاركين فيها من المعلمين أو المدرسين لا يتجاوز عددهم (٣.) معلما أو مدرسا ويكون من

مسؤولية المشرف التربوي التخطيط لها وإدارتها وتنفيذها وتقيمها بالتعاون مع المعلمين .

وكذلك قد يعند المشرف إلى اتباع اسلوب اللجان حيث يقوم بتشكيل لجنة من المعلمين لدراسة مشكلة معينة ومحددة .

١٢- المحاضرات:

تتمتع بمركز هام بين الطرق المستخدمة في شتى أشكال وصيغ التربية لإمكانية إثارة اهتمام المعلمين والمدرسين ، وتقديم المعلومات التي قد يصعب الحصول عليها بطريقة أخرى و تعد المحاضرات فرصة جيدة لإلقاء الضوء على موضوع ما في مجال معين وذلك عن طريق الاستماع لما يقدمه المشرف أو رجال الفكر أو المختصون .

وعن طريقها يستطيع المعلمون أو المدرسون إدراك ما يقدم فيها من دراسات علمية ومهنية لها قيمتها في النشاط التعليمي

أن مجال اهتمام المشرف التربوي حسب النظرة الحديثة للإشراف ليس المعلم فحسب وانما يهمه الطالب ، وجميع الظروف المحيطة والمؤثرة بعمليتي التعلم والتعليم ، وحيث أن الإشراف التربوي عملية تجريبية تحليلية نقدية للمواقف التربوية ومدى ارتباطها بواقع العملية التربوية في المدرسة ، ومدى مناسبة الوسائل والأدوات والتجهيزات في المدرسة و صلاحية المباني المدرسية لتحقيق الأهداف المحددة . وهذا يتطلب قدرا كبيرا من التخطيط والتنظيم فلم تعد الزيارات الصفية المفاجئة لتصيد أخطاء المعلم تفي بالغرض فهي لا تؤدي إلى تحسين حقيقي في العملية التعليمية بقدر ما تؤدي إلى فشل فيها ، وخلق مدرسين مخادعين

ومخدوعين، وغالبا لا يطلع المشرف على نواحي القصور الحقيقية لديه نظرا لانعدام الثقة المتبادلة بينهما ولا تتاح الفرصة للمشرف ليطلع على المستوى الحقيقي للأداء ، فتكون تقديراته وبياناته غير دقيقة ولا تعكس الواقع بأي حال من الأحوال ، وقد تطورت أساليب الإشراف التربوي بحيث أصبحت أقدر على النهوض بالعملية التربوية وبتحسين عمليتي التعلم والتعليم ، حيث ظهر الاهتمام بالجانب الإنساني للمعلم ، وأصبح التوجيه والإشراف عملية تعاونية يشارك فيها المعلم بصورة إيجابية فعالة ، في وضع الأهداف والتخطيط لها والتنفيذ والتقويم .

تقويم الإشراف التربوي :

يمثل التقويم جزءاً من العملية الإشرافية، فهو متمم ومكمل لعمليتي لتخطيط والتنفيذ، وفهم المشرف التربوي لمجال التقويم يعد أساساً لتوجيه عملية الإشراف، وتصحيح مسارها وتطو يرها فالمشرف التربوي يحتاج إلى أن يقوم عمله ويقيس ما وصل إليه من نتائج وفق الأهداف التي يسعى إلى تحقيقها، والوقوف على الصعوبات التي تعترض فعالية الخطط والمناشط الإشرافية.

أن تقويم العملية الإشرافية عملية مستقرة وليست نهائية، فلا تتوقف عند تعبئة بطاقات الزيارة واستمارات الأداء الوظيفي، بل تتجاوز ذلك إلى النهوض بمجالات الإشراف، وتطويرها عبر بذل الجهود المنظمة والدءوبة التي تستند إلى تحليل واقع هذه المجالات، وتشخيصها وبلورتها في أهداف الخطة الإشرافية، ووضع وسائط وأساليب لتحقيقها، بمعني آخر تتزامن عملية التقويم مع بداية وضع الخطة الإشرافية وفي أثناء تنفيذها وعند نهايتها.

وترتكز عملية التقويم على عدد من المبادئ والأسس التي ينبغي مراعاتها عند القيام بتخطيط البرنامج التقويمي وتنفيذه و هذه الأسس هي:

ا- التخطيط (تحديد الهدف) :

التقويم عملية هادفة تنطلق من خطة واضحة محددة المعالم، في ضوء أهداف البرنامج الإشرافي من أجل تحقيقها، وهذا يتطلب من المشرف التربوي تحديد ما يريده من بيانات ومعلومات وكذلك النواحي التي يريد تقويمها وأوقاتها المناسبة لها، ومعرفة طريقة استخدام هذه البيانات، وأخيرا، تسجيل النتائج للإفادة منها.

٢- الشمول:

أي أن التقويم عملية شاملة تأخذ بالحسبان جميع مكونات العملية الإشرافية وأبعادها وأدواتها المختلفة.

٣- الاستمرار:

أن التقويم عملية مستمرة لا تتوقف عند كتابة تقرير، أو تسجيل درجات في بطاقة زيارة، بل يجب أن تكون مصاحبة للبرنامج الإشرافي من بدايته وحتى نهايته.

٤- يبنى التقويم على أسس علمية:

بمعنى أن يتم تقدير كفاية البرنامج الإشرافي وفق أساليب علمية ومعلومات وبيانات دقيقة تتسم بالموضوعية والصدق والثبات.

٥- التعاون:

يشترك في عملية التقويم كل من له علاقة بالبرنامج الإشرافي بهدف الوصول إلى تطوير المجالات الإشرافية.

أنواع التقويم:

يصنف التقويم إلى عدة أنواع وفق الصفة التي يتميز بها، حيث يصنف حسب وقت إجرائه إلى الأنواع التالية :

١- التقويم التمهيدي:

التقويم التمهيدي هو عملية التقويم التي تتم قبل تجريب برنامج إشرافي للحصول على معلومات أساسية حول عناصره المختلفة، أن دور هذا التقويم يكون في معرفة كل الظروف الداخلة في البرنامج، بما في ذلك المعلمون من حيث التعرف على معلوماتهم، ومهاراتهم، واتجاهاتهم الأمر الذي يعطي أنواع التغيرات المتوقعة.

وفيما يأتي بعض المؤشرات لتطبيق التقويم التمهيدي أو تقويم الملاءمة:

أ) يجب تحديد مصدر البيانات المستخدمة في تقدير الحاجات وكيفية جمع بياناتها بمعنى هل جمعت بالأساليب الكمية (أساليب القياس) أم عن طريق استطلاع الرأي.

ب) يجب أن تكون الأهداف ذات علاقة مباشرة بالحاجات المحددة في تحليل المشكلة.

٢- التقويم التطويري:

التقويم التطويري هو ذلك التقويم الذي يتم (و لأكثر من مرة) في أثناء تطبيق البرنامج الإشرافي بقصد تطويره، فهو يوفر المعلومات التي تساعد على مراجعة البرنامج وهو في دور التطبيق ويفضل أن يكون التقويم داخلها (أي أن يكون المقومون من منفذي البرنامج)

٣- التقويم النهائي:

هو التقويم الذي يتم في نهاية البرنامج لغرض اتخاذ قرار بخصوصه ، فهو يحدد المدى الذي حققه في الوصول إلى الأهداف التي أقيم من أجلها .

وعموماً فإن كل نوع من الأنواع السابقة يمر بمراحل الآتية:

ا) توضيح الأهداف وتحليلها بالدرجة التي يمكن أن يعبر عنها بأهداف سلوكية.

ب) بناء واستخدام طرائق مناسبة لجميع البيانات سكن التغيرات في أنماط السلوك والمعلومات أو ملاحظات ذات الفائدة.

ج) تجميع المعلومات والتوصل إلى انطباع من هذه المشاهدات.

د) استخدام هذه النتائج دليلا لمراجعة المحتوى والأساليب المستخدمة في التطبيق من أجل تطوير المرحلة التالية من البرنامج.

أساليب تقويم العملية الإشرافية :

يتم تقويم العملية الإشرافية من خلال أساليب مختلفة تتنوع بتنوع المجال المستهدف وهي على النحو التالي:

١- المعلم:

يمكن تقويم المعلم بأساليب عديدة من بينها تحليل التفاعل اللفظي للمعلمين باستخدام نظام (فلاندرز) العشري وملاحظة استراتيجيات التدريس عبر مقاييس التقدير، كما يمكن الاستفادة من أسئلة الاختبارات ونتائج التحصيل الدراسي والنتائج المادية للمعلمين والطلاب .

٢- المنهج:

يتركز تقويم المنهج على قياس مدى قدرته على تحقيق أهداف المادة وكفاءة المواد التعليمية الخاصة من معينات سمعية وبصرية ، ويستخدم في تقويم هذه المكونات بالاستبيانات والاختبارات والتقارير والمقابلات والمشروعات والندوات.

٣- البيئة المدرسية:

لتقويم البيئة المدرسية نرصد تفاعلات أفرادها والتسهيلات الموجودة فيها وذلك باستخدام قوائم والتدقيق والملاحظة المباشرة .

مجالات التقويم للإشراف التربوي :

أن تقويم فاعلية الإشراف التربوي أمر في غاية الصعوبة، نتيجة لتعدد مجالات الإشراف التربوي وتشابكها وتأثرها بمتغيرات مختلفة، وعلى الرغم من ذلك فلا بد من دراسة جوانب تأثير الإشراف التربوي في ذلك المجالات والتي تمثل في النهاية تقويمها لعملية الإشراف التربوي والجوانب التي يتم عن طريقها تقويم عملية الإشراف هي :

١- تقويم أهداف الإشراف التربوي وخطته:

يستند الإشراف إلى أهداف واضحة يسعى إلى تحقيقها كما ينبثق عن هذه الأهداف خطة واضحة المعالم تتلاءم مع طبيعة الأهداف من أجل تحقيقها، لذلك فإن تقويم الأهداف والخطة تعد عمليتين أساسيتين، يمكن إجراء عملية التقويم عبر الإجابة عن الأسئلة الآتية :

أ‌- الأهداف:

- هل هناك أهداف لعملية الإشراف التربوي ؟
- هل هنالك مفهوم واضح للإشراف التربوي ؟
- هل أهداف الإشراف محددة بشكل يسمح بقياسها ؟
- هل تلبي الأهداف حاجات تربوية وتعليمية ، وهل هي مستندة إلى دراسة عملية واضحة ؟
- هل الأهداف تشمل كافة جوانب العملية التربوية ؟
- هل الأهداف مصنفه حسب أهميتها وحسب الأولويات ؟

ب‌- الخطة :

- هل هناك خطط للإشراف التربوي في مستويات مختلفة ؟
- هل راعت الخطط المحددة للإشراف التربوي ؟
- هل الخطط في مستوياتها المختلفة متكاملة ومتناسقة ؟
- هل تم توفير التسهيلات اللازمة لإنجاح الخطة ؟

ومن خلال الإجابة عن هذه التساؤلات من قبل جميع الأطراف في صورة استبانات..

٢- تقويم التغيرات والنتائج التي أحدثها الإشراف التربوي في العملية التعليمية:

تحديد أثر الإشراف التربوي في العملية التعليمية تعد وسيلة لتقويم عملية الإشراف التربوي والحكم على فعاليته، ولما كان الإشراف التربوي في مجمله يسعى إلى مساعدة المعلمين على تحسين المواقف التعليمية والتي تشمل التلميذ

والمنهج والبيئة المدرسية، لذا فإن أثر الإشراف التربوي في هذه المكونات وكيفية قياسها يمكن ملاحظته من خلال الآتي.

أ- التيسير في أساليب تدريس المعلمين ونموهم المهني:

يسعى الإشراف التربوي إلى تحسين قدرات المعلم المهنية تلك بتوضيح أهداف المرحلة التعليمية والتخطيط للتدريس وإدارة الصف وغير ذلك، ومن الطبيعي أن ينعكس اثر ذلك إيجابياً على أداء المعلم، بمعنى أن تؤثر أساليب الإشراف التربوي في شخصيه المعلم ومهاراته التدريسية، ويمكن قياس هذه التغيرات بعدة أساليب:

- التقويم الذاتي من قبل المعلم.

- التقويم من قبل المشرف التربوي أو مدير المدرسة.

- آراء الطلاب.

ب- التغيرات التي تحدث عند التلاميذ:

يهدف الإشراف التربوي إلى خدمة الطالب بطريقة غير مباشرة من خلال الإشراف على المعلمين وتدريبهم، ويعمل المشرف التربوي على جعل المعلم أكثر قدرة على مساعدة كل تلميذ على نحو متكامل، ويجدر بنا أن نذكر أن التغيرات في معلومات التلاميذ ومهاراتهم واتجاهاتهم ليست ثمرة الإشراف التربوي فحسب، وإنما هي حصيلة عوامل كثيرة منها الإشراف التربوي. ويمكن قياس هذه التغيرات بوسائل عديدة منها:

• اختبارات التحصيل.

• ملاحظات المعلمين.

- إجراء دراسات على مستويات الطلاب ونتائجها.

- إجراء دراسات ظاهرة تسرب الطلاب من المدرسة لمعرفة أسبابها

ج - التغيرات التي تحدث في المنهج :

يتضح دور المشرف التربوي في الأبحاث والدراسات التي يجريها في ميدان المنهج ومدى فعاليته، ومن الأسئلة المهمة التي يمكن أن يجيب عنها المشرف التربوي بالتعاون مع المعلمين ويمكن تلخيصها في الأسئلة الآتية :

- هل محتوى المنهج متفق مع مستويات نمو التلاميذ ؟

- ما مدى ترابط عناصر المحتوى وتكامله وتسلسله منطقياً ؟

- هل المحتوى يراعي الفروق الفردية بين التلاميذ ؟

٣- التغيرات التي تحدث في البيئة المدرسية :

العملية التربوية تتم بصورة جماعية ، لذا لابد من تحديد المتغيرات في نمو الجماعة ، وهناك عدة وسائل لقياس هذا النمو منها :

تقويم الجماعة لعملها : ويتم هذا التقويم عن طريق المقابلة أو الإجابة عن الأسئلة، مثل

:

ما أهم مظاهر عمل المجموعة ؟

ما العقبات التي تعوق عمل الجماعة ؟

تقويم العلاقات بين أفراد المجموعة : وهذه تكشف عن نوع القيادة في المجموعة ومدى تقبل أعضاء المجموعة لبعضهم بعضاً.

قائمة المصادر والمراجع :

المراجع العربية :

- **المرجع الأساسي: وزارة التربية والتعليم**(٢٠٠٥) دليل المشرف التربوي، وزارة التربية والتعليم،المملكة العربية السعودية.

- **أبو هويدي ،فايق.**(٢٠٠٠).**درجة ممارسة المشرفين التربويين لكفاياتهم الإشرافية من وجهة نظر معلمي وكالة الغوث الدولية في الضفة الغربية** . رسالة ماجستير غير منشورة ، جامعة النجاح الوطنية ، فلسطين .

- الابراهيم ، د.عدنان بدري .(٢٠٠٢). الإشراف التربوي(**أنماط وأساليب**).مؤسسة حمادة للنشر والتوزيع، اربد ،الأردن.

- البيك ،محمد سليم.(١٩٩٣).درجة ممارسة مشرفين اللغة العربية للكفايات الإشرافية من **وجهة نظر المديرين والمعلمين في محافظة عمان** ،رسالة ماجستير غير منشورة، الجامعةالأردنية،عمان،الأردن.

- الجميعي،فؤاد (١٩٨٧).**الأسس النظرية والتطبيقية لوظائف إدارة الأفراد.جامعة** الموصل،كلية الإدارة والاقتصاد.

- الخطيب،رداح واحمد ،الفرح،وجيه.(٢٠٠٠).**الإدارة والإشراف التربوي(اتجاهات حديثة)**.اربد:دار الأمل.

- الداوود،فاعور.(١٩٩٥). بناء نموذج مقترح لتقويم أداء المشرفين التربويين في وزارة التربية والتعليم في الأردن، رسالة ماجستير غير منشورة ،جامعة اليرموك،اربد،الأردن.

- القرشي،سالم .(١٩٩٤).**التوجيه التربوي في المملكة العربية السعودية في ضوء بعض النماذج الحديثة** ، رسالة الخليج العربي ،مكتب التربية العربي بالرياض،٤٩(١٤).

- العودة،ربحي.(١٩٨٩).**واقع الممارسات الإشرافية لمديري المدارس الابتدائية كما يتصورها المعلمون**،رسالة ماجستير غير منشورة،الجامعة الأردنية،عمان.

- الايوب،سالم عبد اللـه.(١٩٩.).**درجة أهمية المهام الإشرافية كما يتصورها المشرفون التربويـون في** الأردن **ودرجة ممارستهم لها** ،رسالة ماجستير غير منشورة،الجامعة الأردنية،عمان.
- جامل،عبـدالرحمن.(١٩٩٨).**الكفايـات التعليميـة في القيـاس والتقـويم واكتسـابها في التعلـيم الـذاتي**، الطبعـة الأولى،عمان:دار المناهج.
- حمدان،محمـد زيـاد.(١٩٩٢). **الإشراف في التربيـة المعـاصرة ،مفـاهيم واسـاليب وتطبيقـات**،عـمان: دار التربيـة الحديثة.
- حيدر ، عبدالصمد .(١٩٩٣). **درجة ممارسة المشرفين التربـويين ومـديرين المـدارس بمهـامهم الإشرافيـة في امانـة العاصمة صنعاء بالجمهورية اليمنية** ،رسالة ماجستير غير منشورة الجامعة الأردنية،عمان،الأردن.
- دعبـاس،عمر.(١٩٩٢). **فاعليـة المشرـف التربـوي في تحسـين الممارسـات الإداريـة**، رسـالة ماجسـتير غـير منشـورة ،الجامعة الأردنية،عمان،**الأردن**.
- عبيـدات،ذوقان.(١٩٨١).**تطـوير برنـامج الإشراف التربـوي في الأردن**،رسـالة دكتـوراة غـير منشـورة،جامعة عـين شمس،القاهرة.
- مكتب التربية العربي لدول الخليج.(١٩٨٥).**الإشراف التربوي بدول الخليج واقعه وتطويره**،المركز العـربي للبحـوث التربوية لدول الخليج،الرياض.
- جودت ،عزت عبد الهادي(٢٠٠٢) **الإشراف التربوي مفاهيمه وأساليبه**، الطبعة الأولى ٢٠٠٢م ، الأردن.
- دراسة تقويمية لأساليب الإشراف التربوي المطبقة في المرحلتين المتوسطة والثانوية بمنطقة **الـنماص التعليميـة مـن وجهة المعلمين والمشرفين التربويين** ، سالم مبارك سالم الضويلع ، جامعة أم القرى ١٩٩٦م.

المراجع الأجنبية:

- Bacon Inc Betty Hamill. A comparison of elementary principles and elementary teachers perceptions of their principals supervisority behaviors.

- Mississippi State university 1988،D.A.I . VOL. July، 1989.

- Narango،F. V (1993) ،Educational supervision Colombia: The role of The

- Supervisor. (M.A. Dissertation Abstract International، Vol.31 ، no. 3، P.973

- Roland،smitley (1992). An Analysis of the relation ship between supervisor behaviors and training and effective supervision and satisfaction with supervision ohion ،university، D.A.I .Vol. 52، No.9 ،March، 1992.

- The Clinical Supervision. Cogan، Morris L. (1973). Boston: Houghton Muffin Company

- Supervision as a Proactive Process، (1995) Daresh، John & Playko، Marsha. Illinois: Waveland.

- Supervision of Instruction: A developmental Approach (1998) Carl Glickman

- Allan Glatthorn ,(1990) Supervisory Leadership

- Allan Glatthorn ,(1997) Differentiated Supervision

- Peer Coaching for Educators (1994) Barbara Little Gottesman & James Jennings

- Woods،J .(1982) the relationship of teacher-preceived value of supervisory tasks to supervisor job. D.A.I، 43، (6) .

الفصل السادس

التخطيط التعليمي والتربوي

مقدمة:

التخطيط سمة من سمات الحياة المعاصرة، وما من أمة تسعى إلى مستقبل أفضل، ورقي وتطور في مختلف المجالات إلا وتضع التخطيط سياسة لها، تسير عليها وتستفيد منها في كافة أوجه نشاطاتها الاقتصادية والاجتماعية والثقافية.

والتخطيط قديم قدم البشرية، ولكن عملياته قد تشكلت وأساليبه قد تبلورت في العصور الحديثة، والعالم اليوم بأمس الحاجة إلى التخطيط بعد أن تعقدت وسائل معيشته، وتشابكت وسائلها، وتشعبت جوانبها، وتعددت إمكاناتها، أي دولة بأمس الحاجة إلى التخطيط التعليمي بصفة أن التعليم يعد العنصر الأساسي والفعال في عمليات التقدم والتنمية في عالم اليوم.

ويعتبر التخطيط الوظيفة الإدارية الأولى للقيام بأي نشاط فهو النظر إلى المستقبل، واستشراق وقائعه، والاستعداد لهذا المستقبل، فكلما كان التخطيط مرناً وشاملاً كانت النتائج أفضل.

وتنبه رجال الاقتصاد إلى أهمية التخطيط المسبق لأي مرحلة من مراحل المشروع، ففي نظر الباحث أن التخطيط مرحلة إلزامية لا يمكن لأي إنسان الاستغناء عنها في أي مجال من مجالات حياته، وبالأخص في مجال التعليم، لأنه

المسؤول عن إعداد الأجيال للمستقبل، ولابد عند إعدادهم أن يراعى التخطيط المسبق لأي مرحلة من مراحل التعليم المختلفة.

مما سبق يتبين لنا أن التخطيط التعليمي يعتبر مطلبا اساسيا و يعنى بتحقيق التنمية الشاملة و من هنا تكمن أهمية دراسة التخطيط التعليمي وعلاقته بالتنمية الاقتصادية والاجتماعية من منطلق أن هذا التخطيط شرط أساسي لتحقيق معدلات سريعة من النمو الاقتصادي والاجتماعي في مجال التربية والتعليم.

أضف إلى ذلك أن التخطيط التعليمي يساعد على الرقي بالنظام التعليمي، ويمكن أن يكون له دور في اجتياز الأزمة الاقتصادية في الدولة إذا روعي فيه شروط معينة و كلا التخطيط قائما على أسس علمية صحيحة يراعى فيه الأولويات و يكون قادرا على مواجهة التحديات من خلال عملية وضع البدائل و الحلول الممكنة لها.

ولما عد التعليم من الوسائل الإنتاجية الاستثمارية والذي يعمل على تطوير المجتمعات ودفعها إلى الأمام في طريق النمو و التقدم الأمر الذي حدا بهذه المجتمعات الاهتمام بتخطيط وإعادة قولبة التخطيط التعليمي.

والتخطيط التعليمي-أيضاً- معني بإعداد الأفراد وتدريبهم في شتى المجالات الأمر الذي يؤدي إلى إسهامهم في التنمية الاقتصادية والاجتماعية

وعملية التخطيط التعليمي تعتبر فرصة مناسبة لبروز مفاهيم جديدة، تكون أكثر قدرة على وصف الواقع، وترشيد نظم المعلومات، وتحسين استخدامها في ضوء أسبقيات الخطة، كما أن تطبيق السياسة المخططة للتعليم يتمثل في بعُدان:

بعد مشاركة كل المعنيين، وبعد رمزي يتمثل في الاتفاق على موضوعات ذات جاذبية لكل المعنيين.

ويتصل بهذين البعدين ضرورة اختيار موضوعات ذات إغراء عام، تكون قادرة على تحريك الآراء، لكي تتم تهيئة المعنيين لتبني عناصر الخطة، ولكي ينشأ إجماع حول الأهداف الرئيسية لسياسة التعليم، ولا يزيد ما يفضي إليه هذا الاختيار - في الغالب- عن أن يكون صوراً عصرية ومنقحة لمفاهيم بالية فقدت ما كان لها من إغراء عند نشأتها.

وهناك موضوعات معينة أحسن اختيارها، وهي الموضوعات التي تقدم وصفاً جيداً للاعتبارات العصرية في الجانب الاقتصادي والاجتماعي، وهذه الموضوعات تحدث اثراً مستمراً ولها قوة كبيرة في الإقناع، وذلك لانها تولد لغة عامة مشتركة بين الفئات المختلفة للعاملين في نظام التعليم (لطفي، 1978 م).

هذا وقد استخدمت وجهة النظر القائلة أن التعليم مطلب ذو اسبقية أولى في أي مجتمع نامٍ وان الاستثمار فيه هو أفضل استثمار من أجل التنمية مبرراً للقول بضرورة تخصيص المجتمع مصادر متزايدة على التعليم لتعليم يناسب الاحتياجات الاقتصادية، وأن مصادر الإنفاق على التعليم يخلقها النمو الاقتصادي ذاته.

وعند الحديث عن التخطيط التعليمي لابد من الاستذكار أن عملية التخطيط التعليمي هذه يجب أن تحقق مطلبين رئيسيين يبدوان متناقضين أحدهما وجوب أن يبقى التخطيط جزءا من الوضع الإداري القائم من حيث المركزية و

اللامركزية، حتى يتأتى النهوض بتنفيذ الأهداف المخطط لها في ابسط وأدق تفصيلاتها.

و المطلب الثاني الحاجة إلى بقاء التخطيط بعيداً عن الوضع الاداري بدرجة كافية، حتى لا يقع أسيراً للإجراءات الروتينية، وحتى لا تستغرقه القيود والمسؤوليات المحددة لكل مجال في الإدارة، بمعنى أن يكون مرناً شاملاً يحقق الأهداف المنشودة بأحدث الأساليب وأقل التكاليف وبوقت مختصر   (الرشيد، 1998م).

والتخطيط التعليمي هو جزء هام من التخطيط القومي الشامل، ولما كان هدف التخطيط الشامل تحقيق أهداف التنمية في فترة زمنية معينة، فإنه يتطلب أن تكون قطاعات المجتمع متسقة مع هذه الأهداف ومن بينها التعليم، ومن هنا تظهر أهمية وجود أنواع مختلفة من التخطيط ومن بينها التخطيط التعليمي والذي يعنى أساساً بقضية التنمية البشرية حيث يبحث عن أفضل الطرق والأساليب لتأهيل القوى البشرية وتدريبها وإعدادها (علي، 2001م).

تعريف التخطيط :

التخطيط سلوك موجه يتضمن مفهوماً للنمو المقصود لا النمو التلقائي أو الطبيعي الذي يسمح بالتغيرات، أو التطورات الطبيعية، والذي يعتمد على تكيف النظام تبعاً لهذه التغيرات أو التطورات الطبيعية (فهمي، 1979 م).

وهو ترتيب الأولويات في ضوء الإمكانيات المادية والبشرية المتاحة بقصد الوصول إلى تحقيق أهداف تنموية معينة.

ويمكن تعريف التخطيط بصفة عامة بأنه:

"تحديد الأهداف المتسقة والأولويات للتنمية الاقتصادية والاجتماعية مع تحديد الوسائل الملائمة لبلوغ تلك الأهداف ، عن طريق إعمالها بالفعل بقصد تحقيق الأهداف المنشودة (هندي ، 1990م)

ويتضمن مفهوم التخطيط الأمور التالية:

أولاً: النظرة المستقبلية التي تهدف إلى التنبؤ باحتياجات المستقبل في ضوء إمكانيات الحاضر.

ثانياً: مفهوم العمل الإيجابي الهادف نحو تحقيق احتياجات المستقبل.

ثالثاً: يعنى بتنظيم علاقات الأفراد في ضوء إدراكهم للعلاقات بين الأسباب والنتائج (متولي، 1993).

أنواع التخطيط :

ينقسم التخطيط إلى أنواع عديدة ومختلفة فهناك التخطيط الشامل والجزئي والتخطيط الاقتصادي والاجتماعي والتعليمي وغيره والباحث هنا يورد ثلاث أنواع من التخطيط على سبيل المثال لا على سبيل الحصر وهي:

١- التخطيط الشامل:

وهو مجموعة الوسائل التي تستطيع الدولة أن تكشف عن موقعها الحاضر وترسم سياستها للمستقبل، بحيث تحقق الاستفادة الكاملة بما لديها من موارد وإمكانيات بما يحقق الارتفاع المستمر في مستوى المعيشة لجميع المواطنين.

بمعنى أن هذا التخطيط شامل لجميع فروع النشاط المختلفة من الخدمات والزراعة والصناعة والتعليم وغيره ويمكن أن نطلق عليه التخطيط القومي.

ولا شك أن هذا المفهوم للتخطيط الشامل سيؤدي إلى أن ينظر لأهداف التخطيط للتعليم على أنها مكونات لهدف عام واحد وهو تحقيق الرفاهية وتوفير السعادة والخير للفرد والمجتمع على حدس سواء.

٢- التخطيط الجزئي:

وهو تنفيذ خطة اقتصادية واجتماعية أو خطة خدمات، أو خطة تعليم، ولا يعتبر هذا النوع من التخطيط تخطيطاً بالمعنى الصحيح لأنه لا يشمل الا فرعي النشاط الاقتصادي والاجتماعي.

٣- التخطيط الاقتصادي:

هذا نوع من التخطيط يهدف إلى رفع مستوى المعيشة، وتوفير الاحتياجات الضرورية، واستغلال القوى المنتجة وتوجيهها الوجهة الصحيحة، وتوفير الاحتياجات اللازمة للعمال، وضمان دخل ثابت لكل فرد، وتوزيع الدخل القومي الذي يراعى فيه العدالة والمساواة (لطفي، 1978م).

خصائص التخطيط :

التخطيط هو الوسيلة الرئيسية لتحقيق التقدم، لأنه يتضمن الأسس التي ينبغي مراعاتها في عملية التنمية الاقتصادية والاجتماعية ولهذا النوع من التخطيط الخصائص التالية:

• أن التخطيط أسلوب موضوعي في التفكير يحاول النظر إلى تقدير مشكلة معينة واقتراح الحلول المناسبة لها من ناحية المجتمع لا من ناحية مجموعة معينة أو أفراد معنيين.

- التخطيط تفكير تحليلي دينامي، يقتضي تجنب اتخاذ أي قرار دون تحليل سابق للبيانات والمعلومات ذات الصلة بالموضوع سواء أكانت عوامل مادية أو اجتماعية أو بشرية، تحلل مواطن الثبات النسبي والتغير النسبي في المواقف، ويقوم التحليل دائماً على أساس التغير والحركة في المستقبل لا على أساس الأوضاع الراهنة.
- التخطيط تفكير تكاملي حيث ينبغي أن تتجمع نتائج التحليل في صورة شاملة لتلتقي فيها الأوضاع القائمة وخطوط البداية والتحرك منها إلى أوضاع ونهايات جديدة.
- يتسم التخطيط بطابع الفكر التجريبي والتخطيط تجريبي في منهجه والمقصود بالتجريبي هنا غير ما يقصد بحرفية التجريب في المعامل، وإنما التجريب في المسائل المتصلة بحركة المجتمع هو تحليل مختلف الطرق والبدائل تحليلاً كاملاً لمعرفة ما يمكن توقعه من نتائج في كل حالة ثم اتخاذ هذا الطريق أو ذاك.
- التخطيط تفكير واضح وصريح يضع أمامه جملة من الاحتمالات أو المقررات أو الاختبارات، بحيث يستقر الأمر به إلى مقرر من المقررات ويتم تفضيله على غيرة (عمار، 1968م).
- يتضمن التخطيط النظرة المستقبلية واستشراق دقائقه، بحيث يسعى إلى العمل الإيجابي الهادف في الحاضر لتحقيق أهداف معنية في المستقبل (النوري، 1988 م).

مفهوم التخطيط التعليمي :

أن تحقيـق التوسـع والتجديـد في التنميـة الاقتصـادية والاجتماعيـة للتربيـة تعتمـد عـلى التخطيط السليم الذي يتجاوز الكم إلى الكيف ويعتمد العلم والموضوعية والتجريـب، كـما يتبنـى البحث عن البدائل التربوية المستقبلية منهجاً، وعلى ذلك يكون التخطيط التعليمي الجيد هو كـل تخطيط يتجاوز للتربية إلى كيفها ويتخذ هذا الكيف محوره وهدفه الرئيسي(النوري، 1981 م).

ويقصد بالتخطيط التعليمي هـو اسـتخدام التحليـل العقـلي المـنظم في عمليـات التطـوير التعليمي بهدف جعل التعليم أكثر فعاليـة وأكـثر كفـاءة في اسـتجاباته لحاجـات وأهـداف طلابـه ومجتمعه، ولا بد أن تكون طرقه تتسم بالمرونة والقابليـة للتعـديل لتتناسـب مـع المواقـف التـي تختلف حسب مستوى التطور ونمط الحكومة (متولي، 1993 م).

في حـين أن فهمـي- 1979م- يعتـبر التخطيط التعليمـي عمليـة متصلـة ومنظمـة تتضمـن أساليب البحث الاجتماعي وطرق التربية والإدارة والمال والاقتصاد، وغايتها أن يحصل كـل تلميـذ على تعليم كافٍ ذي أهداف واضحة وعلى مراحل متعددة، وان يمكن كل فرد مـن الحصـول عـلى فرص لينمي بها قدراتـه وأن يسـهم إسـهاما فعَـالاً بكـل مـا يسـتطيع في تقـدم البـلاد في النواحي الاجتماعية والاقتصادية والثقافية.

ومن الواضح أن هـذا التعريـف يتمشى- مـع مفهومنـا العـام عـن التخطيـط، فهـو عمليـة مقصودة تهدف إلى استخدام طرق البحث العلمي في تحقيق الأهداف التي سبق وتم تحديدها في ضوء احتياجات المستقبل وإمكانيات الحاضر، كما يتضمن

هذا التعريف أن يكون التخطيط للتعليم ضمن الإطار العام للتخطيط القومي للتنمية الاقتصادية والاجتماعية، بحيث يساهم في تحقيق التقدم الاجتماعي والثقافي والاقتصادي في البلد الـذي يـتم فيه التخطيط.

ولابد من المعرفة بان التخطيط التعليمي لابد أن يتميز بدرجة كبيرة من المركزية والشمول ومباشرة التنفيذ، وهذا وقد يفهم التخطيط على أنه سياسة فلا يعدو أن يكون مرآة تنعكس عليها السياسة العامة للدولة.

ويذهب محمد جواد رضا (1986 م)إلى النظر على أن التخطيط التعليمي ما هـو إلا حـلـول فرضية لمشاكل اجتماعية، ويجب أن تخضع هـذه الحلـول للاختبـارات والفحـص، وذلك لاستبعاد العناصر التي يحتمل نجاحها في التطبيق أو لبيان نـوع النتـائج التي سـتترتب عـلى تبنـي هـذه السياسات أو لإظهار كيفية جعل هذه السياسة تنجح في التطبيق.

مستلزمات التخطيط التعليمي :

وعند القيام بعملية التخطيط التعليمي فإنه لابد من مراعاة الأمـور التاليـة لكونهـا مـن الأمور الهامة في التخطيط وهي:

١- مقابلة مشكلات واحتياجات وتطلعات المجتمع (أي ربـط التعلـيم بعجلـة الإنتـاج القـومي وخطط المستقبل).

٢- مقابلة مطالـب التراث القومي والحضاري والقدر المناسب مـن المواطنـة الصـالحة المستمدة من تاريخنا وتقاليدنا في إطار مجتمع العدالة الاجتماعية والتكامل الاجتماعي.

الاهتمام بالإنسان الفرد والعمل الابتكاري المستقل (مطاوع، 1981 م).

٣- ترتيب مشروعات التخطيط التعليمي طبقاً للأولوية والأهمية (ابراهيم، 1980 م).

٤-تحديد وتوضيح الأهداف المنشودة بطرية تزيد من تأييد و مساندة الأفراد العاملين لها وتضاعف حماسهم من اجلها.

٥-التعرف على العناصر والإمكانات المادية والبشرية وحصر ما يلزم منها لتحقيق الأهداف كخطوة مبدئية نحو العمل والسعي وراء توفيرها.

٦- رسم السياسات وتحديد الطرق والأساليب الواجب اتباعها من اجل تحقيق الأهداف.

٧- وضع جدول زمني للعمليات والإجراءات اللازمة لإنجاز الأعمال والأنشطة الضرورية لتحقيق الأهداف المرسومة.

٨- التنبؤ بالصعاب والعقبات والمشكلات التي يحتمل حدوثها وذلك لكي يتيسر العمل على تلافيها قبل وقوعها أو معالجتها أذا حدثت.

وعندما يتم تخطيط التعليم في إطار تخطيط قومي شامل فإنه يتعين النظر إلى أهدافه لا باعتبارها أهداف مستقلة في حد ذاتها، ولكن على أساس كونها احد مكونات هدف عام أوسع وأشمل هو تحقيق الرفاهية والسعادة للفرد والمجتمع، وتستلزم هذه النظرة أن يأخذ مخطط التعليم باعتباره ما يمكن أن يحدثه النمو في التعليم من تاثيرات على النمو في قطاعات النشاط الأخرى في قطاع التعليم ذاته (جوهر، 1984م).

مبررات التخطيط التعليمي ودواعيه :

يرجع الاهتمام بالتخطيط التعليمي إلى العوامل التالية:

١- الأيمان المتزايد بالتخطيط وبقيمته بالسيطرة على المستقبل فهو يمثل الأداة العلمية الوحيدة الجديرة بإنسان العصر الحديث، المتلائمة مع الروح العلمية والعقل العلمي، الذي يهدف إلى السيطرة على الأشياء و الإمساك بزمامها   (النوري، 1988 م).

٢- عامل الزيادة في السكان، فتعتبر الزيادة السكانية عاملا أساسياً في زيادة الطلب على التعليم مما يتطلب الأمر التخطيط (فهمي،1979م).

٣- عامل التغير في التركيب الاقتصادي، فنتيجة النمو في التصنيع ، تغير التركيب الاقتصادي، وبدا استخدام الميكنة في الزراعة وانتشر التطور الصناعي، وأدى هذا الأمر إلى النمو في قطاع الخدمات، وارتفع مستوى معيشة الأفراد وازدادت الحاجة للخدمات المختلفة ومن بينها التعليم   (متولي ، 1993 م).

٤- اعتبار التعليم استثمار بشري له عائد ومردود اقتصادي واضح وهنالك ترابط وتكامل بين التقدم الاقتصادي والتقدم التعليمي، لان البلد المتخلف اقتصادياً هو متخلف تربوياً، ولذلك فقد الغيت الافكار والمعتقدات القديمة التي كانت تعتبر رؤوس الأموال التي تنفق على التعليم مستهلكة في مجال الخدمات للمجتمع ولا مردود لها (النوري، 1988 م) بتصرف.

٥- الاهتمام العالمي بالتخطيط القومي، والبدء بوضع خطط للتنمية الاقتصادية والاجتماعية في بعض البلدان العربية والشعور بضرورة تجاوب التعليم مع هذه الخطط (النوري، 1988 م) .

٦- عامل التقدم العلمي والتكنولوجي فكان أن حدث تشابك العالم وتعقد، واستطاعت الآلة أن تحل محل الإنسان، فعلى الدولة أن تستفيد مما قد يتيحه لها هذا التقدم التكنولوجي من وسائل وأساليب، وأن يحتل البحث العلمي الرصين هادياً لها وموجهاً إلى الطريق السليم(14).

٧- مسايرة التخطيط التعليمي لإحداث التطورات العلمية في مجال العلم والتكنولوجيا والآداب (متولي ، 1993 م).

٨- ربط التعليم بالتنمية الاقتصادية والاجتماعية لتنفيذ برامج التنمية(متولي،1993 م).فلا سبيل للارتفاع بالاقتصاد والإنتاج الاقتصادي ما لم يرفع من شأن العنصر البشري وهذا الرفع يكون عن طريق تخطيط التعليم، ووضع البرامج التي تستجيب حاجات المجتمع (النوري، 1988م)

الأهداف الاقتصادية للتخطيط التعليمي :

عند القيام بالعملية التخطيطية للتعليم فأن مثل هذا التخطيط يهدف إلى العديد من الأهداف الاقتصادية، والتي يمكن تلخيصها فيما يلي:

* مقابلة احتياجات البلاد على المدى القصير والبعيد من القوى العاملة ذات المستويات الوظيفية المختلفة.

* زيادة الكفاية الإنتاجية للفرد عن طريق إكسابه المهارات والخبرة.

* رسم السياسات الخاصة باستغلال مخصصات التعليم أقصى استغلال ممكن عن طريق اتباع الطرق العملية لتقليل تكاليف التعليم مع زيادة كفاءته وإنتاجيته إلى أقصى حد.

* زيادة قدرة الفرد على التحرك الوظيفي بحيث يستطيع تغير عمله أو وظيفته بسهولة تبعاً لظروف الإنتاج أو التغيرات في الاقتصاد.

* مواجهة مشكلات البطالة بين المتعلمين وغير المتعلمين بحيث يتم استغلالها كامل لجميع القوى العاملة المتوفرة.

* تنسيق سياسة الصرف على التعليم ويشمل ذلك الأنفاق على مستويات التعليم المختلفة و الأنفاق بين قطاع التعليم وبين القطاعات الاقتصادية الأخرى.

* المساهمة في الإسراع في عملية التطوير الاقتصادي والصناعي عن طريق تنشيط البحث العلمي والتكنولوجيا، و إعداد الأفراد القادرين على القيام به (فهمي، 1979 م) (متولي ، 1993م).

الأهداف الاجتماعية للتخطيط التعليمي :

لاشك بأن للتخطيط التعليمي أهداف اجتماعية كما له أهداف اقتصادية وسيورد الباحث هنا عدة أهداف اجتماعية للتخطيط التعليمي وهي كالتالي:

* منح جميع أفراد الشعب فرصاً متكافئة من التعليم.

* إعطاء كل فرد نوع التعليم الذي يناسب مع قدراته وإمكاناته.

* الحفاظ على الجيد من تقاليد المجتمع وتراثه.

* المساهمة في تطوير المجتمع من القوى العاملة اللازمة لتطويره الاقتصادي والاجتماعي (متولي ، 1993م).

هذه مجمل الأهداف الاقتصادية والاجتماعية للتخطيط التعليمـي وهـذا الأمـر يقودنـا بطبيعة الحال للحديث عن التخطيط التعليمي وعلاقته بالتنمية الاقتصادية والاجتماعية.

التخطيط التعليمي والتربوي وعلاقته بالتنمية الاقتصادية والاجتماعية:

للتخطيط التعليمي صلـة وثيقـة بالتنمية، لانـه في واقـع الأمـر أداة مـن ادواتـه، باعتبـاره محاولة فعّالة لضبط الاتجاهات الجارية للتنمية، وتوجيهها للحصول على الأهداف التي تحقـق مصالح الجماعة العُليا، حيث اتجه كثير من التربويون إلى الربط بين التخطيط التعليمـي والتنميـة الاقتصادية والاجتماعيـة والتنسـيق بينهـا، وذلـك مـن اجـل تنميـة مناشـط الأفراد والجماعـات، والاستفادة من الإمكانات المتاحة إلى أبعد حد ممكن (رضا،1987 م).

وقد برزت هذه العلاقة المتكاملة عندما اعتبر التعليم استثمار اقتصادي في الموارد البشرـية وهو من مجالات الاعتبار في تخطيط التنمية الاقتصادية والاجتماعية، ذلـك أن النظر إلى التعليـم كعامل من عوامل الإنتاج يعد طرفا مـن أطـراف مكانـة التعليم في العمليـة الاقتصـادية، وقيمتـه كعامل للتأثير على الأنماط الاستهلاكية قد يعوق عمليات التنمية الاقتصادية.

وفي البلاد العربية، كما هو الحال في غيرهـا مـن الـدول، يوجـد اعتقـاد سـائد وقـوي في أن التعليم مدخل أساسي للتنمية الاقتصادية والاجتماعية، وقد برزت العلاقة بيـنهما منـذ زمن لـيس بالقريب، فنجد أن "آدم سميث" من فلاسفة الاقتصاد في القرن الثامن عشرـ أكـد أهميـة التعليـم والتدريب في رفع الكفاءة

الإنتاجية للعامل، وزيادة مهارات العامل اليدوية، وكما أشار إلى أهمية التعليم وتخطيطه في إحداث الاستقرار السياسي والاجتماعي وهو ما يعتبر شرطاً ضرورياً للتنمية الاقتصادية (مرسي، 1977 م).

والتخطيط التعليمي ليس هدفه مجرد تلبية حاجات التنمية الاقتصادية بل هدفه تلبية حاجات التنمية بالمعنى الشامل للتنمية الاقتصادية والاجتماعية والثقافية بجوانبها المختلفة والمتعلقة بتطوير الإنسان وتغيير مواقفه (رضا، 1987 م).

ولقد كانت هنالك نظرة قديمة إلى مشروعات التنمية الاجتماعية على اعتبار انها مشروعات استهلاكية لا تؤدي إلى عائد أو مردود اقتصادي مُباشر، كما هو الشأن في التعليم – سابقاً- الا أن هذه النظرة قد تغيرت وأصبح ينظر الآن إلى برامج التنمية والخدمات الاجتماعية على أنها ذات عائد اقتصادي ينتج عن اكتساب المهارات والمعرفة كنتيجة للتعليم مما يؤثر في الإنتاج وفي القدرة على العمل ومواصلته، فعلى هذا نستطيع القول بأن التنمية الاجتماعية برامج اقتصادية، والاستثمار فيها طويل الآجل له فوائد محققة.

ولقد ركز الاقتصاديون اهتمامهم منذ أمد بعيد على دور التعليم في التنمية الاقتصادية، وتتراوح طرق الاهتمام بين الدفاع العام عن التعليم بوصفه قوة كبرى في تكوين مجتمع ميال إلى التقدم وبين المقاييس الاقتصادية البواقي العائد من التعليم ومعدلاته.

ولابد من القول بأن تخطيط التعليم يعمل على إحداث الاستقرار السياسي والاجتماعي، وتهيئة الظروف المناسبة للتنمية الاقتصادية، إضافة إلى انه يعطي الأفراد فرصاً متزايدة من التعليم حتى تتكشف مواهبهم وقدراتهم. ومع إننا حالياً

لا نعرف إلا القليل عن دور تخطيط التعليم في تطور الاقتصاد الذي ما يزال في مراحله الأولى من التنمية إلا أن هنالك بعض الدلائل على أنه من أهم مطالب الوصول إلى اقتصاد متين (مرسي، 1977) بتصرف.

وثمة موضوعات أساسية في موضوع التخطيط والتنمية إذا تم وضعها في أذهاننا يمكن أن يوفر علينا الكثير من الجهد والوقت والجدل، هي موضوعات بديهية ولكن يحسن التفكير بها وهي:

الموضوع الأول:

هو أن القصد من التنمية في شتى مجالات-ونغني هنا التنمية الشاملة وليس مجرد النمو الاقتصادي، فهنا لابد من التفريق بين النمو والتنمية، فالنمو الاقتصادي في نظر المؤلفان- طريقة تهدف إلى إيجاد طاقة هذه الطاقة تؤدي إلى زيادة في الاقتصاد خلال فترة زمنية معينة، في حين أن التنمية الاقتصادية هي العملية التي توجد تقلبات وتطورات في تطوير الاقتصاد القومي بحيث تعمل على جعله اكثر قدرة على الإنتاج الأمر الذي يؤدي إلى زيادة مستمرة في إنتاجية الفرد أو المجتمع.

فالتنمية الاقتصادية ليست النمو الاقتصادي هذا موضوع يجب أن يكون في أذهان المخططين وخاصة التربويين.

الموضوع الثاني:

وهو موضوع يجب أن ينطلق منه تخطيط التعليم وهو التربية التي تستطيع أن تؤدي للتنمية في جوانبها المختلفة ليست أي نوع من التربية، فثمة أنماط من التربية تؤدي إلى عكس أهداف التنمية، اذ لم نضع فيها أهداف التنمية، والشواهد على

ذلك كثيرة لعل أبرزها وجود عدد كبير من المثقفين العاطلين عن العمل، وتزايد عطالة المثقفين في البلدان النامية بوجه خاص، فليس أي تربية تؤدي إلى التنمية، أذ لابد أن نضع في التربية المواصفات المطلوبة التي تؤدي إلى التنمية، واذا لابد من التخطيط التعليمي لانه في النهاية هو الناظم والوسيلة والاداة التي تحاول ما استطاعت إلى ذلك سبيلاً، أن تجعل التربية فعلاً في خدمة التنمية الشاملة بأبعادها المختلفة، وفي خدمة حاجات القوى العاملة من جانب، والتنمية الاقتصادية والاجتماعية من جانب آخر.

الموضوع الثالث:

وهو الصلة بين التعليم وسواه من العوامل الاجتماعية والاقتصادية صلة دائرية، فالكثير من التربويين يخيل لهم أن الصلة خطية، فلا التربية وحدها علة للأوضاع الاقتصادية والاجتماعية، ولا هذه العوامل علة للتربية، بل بينهما اخذ وعطاء .

والتخطيط السليم هو الذي يدرك هذه العلاقة بين الاخذ والعطاء ويستخرج منه أفضل صيغة ممكنة للنهوض بالمجتمع والفرد نهوضاً متسقاً لا نهوضاً متصارعاً فالتخطيط إذن لابد أن يكون دائرياً (رضا ،1987 م).

الموضوع الرابع (فهمي، 1979 م):

أهم ما في التخطيط الأولويات، والمقصود بالأولويات تقديم تخصص أو مرحلة تعليمية على أخرى في الإنفاق والدعم والاهتمام، ومشكلة الأولويات لابد أن ننظر اليها من بعدين:

البعد الأول: درجة النمو أو التطور في المراحل والأنواع المختلفة من التعليم.

البعد الثاني: مدى الحاجة في التوسع في المراحل والأنواع المختلفة من التعليم لتحقيق أهداف التنمية الاقتصادية والاجتماعية.

وأن أي دراسة لأولويات التعليم يجب أن تبحث ضمن الإطار الشامل لخطط التنمية الاقتصادية والاجتماعية واعتبارات احتياجات القطاعات المختلفة، بحيث تؤدي تنفيذ الخطة التعليمية إلى إحداث توازن في التنمية الاقتصادية والاجتماعية، لذلك فإن أي تخطيط للتعليم يبنى على أساس شعارات سياسية معينة دون النظر إلى الاعتبارات الاقتصادية، أو دون الاعتماد على الأساليب الموضوعية، قد يؤدي إلى نتائج اقتصادية واجتماعية خطيرة.

التخطيط التعليمي ومشكلاته في البلاد العربية:

برز اهتمام الدول العربية في السنوات الأخيرة بالتخطيط التعليمي، وتختلف أسباب الاهتمام من دولة لأخرى، غلا انه يمكن القول بصفة عامة بأن اهتمام الدول العربية بالتخطيط التعليمي يرجع إلى الأمور الرئيسية التالية:-

* الاهتمام العالمي بالتخطيط القومي، والبدء بوضع بخطط للتنمية الاقتصادية والاجتماعية في بعض البلدان العربية، والشعور بضرورة تجاوب التعليم مع هذه الخطط.

* الاهتمام العالمي بالتخطيط التعليمي، لا سيما بعد الجهود التي بذلتها منظمة اليونيسكو.

* انعقاد مؤتمر وزراء التربية العرب الذي انعقد في بيروت بدعوة من اليونيسكو، والذي انبثق عنه المركز الإقليمي لتدريب كبار موظفي التعليم في البلاد العربية.

* التزايد الكبير في عدد طلاب المدارس خلال فترة قصيرة من الزمن نتيجة لتزايد عدد السكان، وتزايد الوعي التعليمي لدى العرب والإقبال على التعليم اقبالا كبيراً.

* عدم توافر الأعداد اللازمة من المعلمين، والأبنية المدرسية والموارد المالية نظراً للتزايد المستمر عدد التلاميذ.

* فقدان التوازن بين مراحل التعليم المختلفة، بل وبين فروع التعليم المختلفة.

* عجز التعليم عن تلبية حاجيات التنمية الاقتصادية والاجتماعية من الخبراء والاخصائيين والفنيين وسائر افراد القوى العاملة.

* سوء توزيع الخدمات التعليمية بين مناطق البلد المختلفة، ولا سيما بين المدن والريف.

* غلبة متطلبات التوسع الكمي في التعليم على التحسين الكيفي والإهمال الذي أصاب المعلمين، وطرق التعليم، والمناهج، والكتب، والوسائل التعليمية.

* بروز الإيمان بالتخطيط لدى عدد من القادة التربويين.

* الظروف الجديدة التي خلقتها الحركات السياسية الجديدة التي ظهرت في معظم البلدان العربية (مرسي، 1977 م).

هذه مجمل الأسباب التي دفعت البلاد العربية للاهتمام بالتعليم وتخطيطه، وعلى الرغم من وجود مثل هذا الاهتمام والدوافع، الا أن التخطيط في البلاد العربية يعاني من مشاكل عديدة وهذا ما سيتناول الباحث الحديث عنه تالياً:

مشكلات التخطيط في البلاد العربية :

تواجه البلاد العربية صعوبات أو مشكلات كثيرة في التخطيط التعليمي أو متابعة تنفيذه، وقد كان لهذه المشاكل أثر كبير في عدم إحراز تقدم واضح في تخطيط التعليم على أسس علمية متكاملة، ولهذا كان لابد من الحديث عن مثل هذه المعوقات والمشكلات ليقوم الباحث بعدها في وضع الحلول والمقترحات للتخلص من هذه المشاكل وانجاح التخطيط التعليمي في البلاد العربية.

يذكر فهمي (1979 م) أن أهم المشكلات التي تعترض الدول النامية ومن بينها الدول العربية تتلخص في:

١- نقص البيانات والإحصائيات الأساسية للتخطيط التعليمي.

٢- قلة الخبراء والأفراد المدربين على التخطيط التعليمي.

٣- عدم وجود وعي تخطيطي مناسب.

٤- عدم كفاءة التنظيمات والأجهزة المسؤولة عن التخطيط التعليمي.

٥- تغير الظروف والأحوال قبل الانتهاء من إعداد الخطة أو أثناء تنفيذها.

٦- قلة المخصصات المالية لتنفيذ الخطة التعليمية.

٧- عدم توافر القوى البشرية لتنفيذ الخطة التعليمية.

ويرجع عبد الغني النوري (1981 م). أسباب قصور التخطيط التعليمي في البلاد العربية إلى الأسباب التالية:

١- النظر إلى التخطيط التعليمي على أنه معالجة إحصائية لعدد من الأرقام فقط.

٢- النظر إلى التخطيط على انه مجرد نشاط جديد لا يستلزم أكثر من إحداث   جهاز أو أجهزة ادارية إضافية.

٣- زيادة الطلب الشعبي على التعليم، ورغبة القيادات التعليمية والسياسية في تحقيق انجازات تعليمية اكبر وبخطى واسعة.

٤- الاتجاه إلى التخطيط الكمي لسهولته والابتعاد عن التخطيط الكيفي.

ويمكننا أن نلخص أهم المشكلات التي تواجه البلاد العربية في موضوع التخطيط التعليمي فيما يلي:

أولاً: عدم وجود إحصاءات عامة للسكان في بعض البلاد العربية، ووجود مثل هذه الإحصائيات في بعضها الآخر، بصورة لا تعين التخطيط التعليمي بطريقة سهلة (مرسي، 1977 م).

فمن الصعوبة وضع أي خطة للتعليم بدون إمداد مخططي التعليم بالبيانات والإحصائيات الأساسية اللازمة لوضع الخطة وتشمل تعداد السكان، وتوزيعهم حسب العمر والجنس، وتقديرات الزيادة في السكان، وتوزيعات القوى العاملة تبعاً للمهن والقطاعات الاقتصادية وتبعاً للسن والجنس (فهمي،1979 م).

ثانياً: عدم توازن النظام التعليمي، ويعود هذا الأمر بصفة عامة للتوسع في التعليم، سواء في التعليم الابتدائي أو الثانوي أو العالي، الذي كان يفتقر إلى التنسيق والتكامل، حتى في محتوى العملية التعليمية الابتدائية أو الثانوية أو العالية ومضمونها من المعلمين والمباني والتجهيزات وغيرها، كان ينقصه التنظيم الجيد والبرامج السليمة، الأمر الذي أدى بالضرورة إلى معوقات ذاتية (الطيب،1999).

ثالثاً: مشكلة الربط بين الأهداف التعليمية أو الغايات والسياسات التربوية من حجمه، والتخطيط التعليمي من جهة أخرى (رضا،1987 م).

رابعاً: صعوبة التكامل بين الخطة التعليمية والخطة الاقتصادية والاجتماعية، وترجع هذه المشكلة إلى عدم تحديد أهداف الخطة التعليمية على ضوء أهداف خطة التنمية الشاملة، بحيث تستهدف كل منها معدلات الزيادة في الإنتاج على جميع المستويات، في قطاعات النشاط الاقتصادي والخدمات والعمالة وتوزيع الدخول، وهنالك سبب آخر هو عدم التنبؤ باحتياجات المجتمع من القوى العاملة المدربة في المدى البعيد والقريب وذلك على أساس تحديد أنواع المهارات المطلوبة وترجمة هذه الاحتياجات إلى مؤسسات تعليمية في كافة مراحل التعليم (مرسي، 1977 م) (رضا، 1987 م).

خامساً : الصعوبات الفنية والإدارية.

ويندرج تحت هذه المشكلة أمور أخري هي:

أ- القدرات الإدارية المحدودة داخل النظام التعليمي.

ب- الفترة الزمنية الطويلة التي تلزم لاعداد وتنمية المعلمين اللازمين للمدارس والجامعات.

جـ- الإمكانات المحدودة لمؤسسات الإنشاء المحلية (الطيب، 1999 م).

وهذه النواحي الإدارية والفنية تؤثر على النظام التعليمي في الوصول إلى التنمية، وعلى مدى الاستفادة من الاعتمادات المتاحة إلى أكبر حد ممكن.

سادساً: نقص الأفراد المدربين على التخطيط التعليمي، حيث أنه لا يوجد معاهد تعليمية تقوم بالأبحاث الخاصة بالتخطيط التعليمي أو تقوم بإعطاء دراسات ومناهج خاصة به، لأن التخطيط عمل جماعي (فهمي، 1979 م).

سابعاً: مشكلة الهجرة من الريف إلى المدينة وتوطين البدر في مجتمعات مستقرة أدى إلى إلقاء مسؤوليات جديدة أمام التخطيط التعليمي في توزيعه للخدمات التربوية توزيعاً جغرافياً عادلاً.

ثامناً: مشكلة ارتفاع معدل النمو السكاني مما أدى إلى زيادة أعداد الطلبة في جميع المراحل مما أدى إلى خلق اتجاه لحل المشكلة من جانبها الكمي وإهمال جانبها الكيفي (مرسي، 1977 م).

يتضح مما سبق أن المشكلات التي يواجهها التخطيط التعليمي في البلاد العربية على درجة كبيرة من الضخامة، بحيث يلزم تضافر الجهود في هذه البلاد لتوفير الإمكانيات التي يطلبها المسئولين عن التعليم فيها لتحقيق أهداف الخطط التي يضعونها وللتخلص من مثل هذه المشاكل.

الحلول والمقترحات لمشكلات التخطيط التعليمي في البلاد العربية :

تتمثل أهم الحلول والمقترحات لمشكلات التخطيط التعليمي في البلاد العربية فيما يلي:

١- وضع البرامج التدريبية للتخطيط التعليمي وتشمل على ما يلي:

- دراسة نظريات التنمية الاقتصادية والاجتماعية، مع الاهتمام بالعلاقات والارتباطات المتبادلة بين التعليم والتنمية الاقتصادية والاجتماعية، والاهتمام بالمبادئ والأسس الخاصة بتعبئة وتنسيق الجهود لإحداث التوافق بين التعليم وبين الظروف الاقتصادية والاجتماعية في الدول العربية.
- دراسة نظم التعليم وفلسفته، والمشكلات الخاصة به ككل، والمشكلات الخاصة بمراحله المختلفة، ودراسة الاحتياجات التعليمية، وحل المشكلات الخاصة بالتعليم من الناحية الكمية والكيفية (فهمي، 1979 م).

٢- ربط التخطيط التعليمي بالنظام الإداري، على ان تكون المركزية عند التخطيط واللامركزية عند التنفيذ.

٣- ربط التعليم بخطة التنمية الاقتصادية والاجتماعية والتنسيق بينهم مع الاستفادة من كل الإمكانيات المتاحة إلى ابعد حد ممكن.

٤- تحديد المعيار للتخطيط التعليمي سواء كان قصير المدى أم طويل المدى، مع توفر عنصر التحويل والترابط بين أجزاءها ورسم السياسة التي سوف تتبع في المستقبل.

٥- وضع الأهداف والأبعاد الواضحة للتخطيط التعليمي وإلا تكون مكلفة، وأن يتمكن جميع المشتركين فيها من فهم أدوارهم وإمكاناتهم الاجتماعية من أجل تحقيق برامجه على أفضل وجه (متولي، 1993 م).

٦- التصور السليم للمستقبل وفق سياسة مرسومة، مع توفر الاعتمادات الأزمة، وهذا يتطلب تنظيم مستويات وأسلوب العمل حتى لا يحدث تضارب بين الخطة والتنفيذ.

٧- العمل على توازن النظام التعليمي بقدر الإمكان، وحتى ولو وجد التوسع لابد من التنسيق والتكامل بين المراحل التعليمية المختلفة وعدم تقديم مرحلة على أخرى في الاهتمام والدعم، وإهمال المراحل المتبقية، فلا يأخذ مثلاً الاهتمام بإنشاء الأبنية الأولوية في التوسع التعليمي، ومهل برامج إعداد المعلمين وتجهيزات المناهج والكتب المدرسية.

٨- التوجه نحو الكيف وتقديمه على الكم، لان المطالب المتزايدة على المتعلمين لا يعني تقديم الجانب الكمي على الجانب الكيفي، وإهمال ماذا نخرج؟ وماذا نعلم؟ ويكون كل همنا تخريج أفواج كبيرة من كافة التخصصات دون النظر إلى الكيف فيها، وهل هي تواكب الحاجات المجتمعية؟ أم أنها غير ذلك. كل ذلك لابد من الآخذ به في الحسبان، أضف إلى ذلك لابد من التركيز على التخصصات التي توفر فرص العمل للمتعلمين، وعلى ذلك

لابد ان يكون التخطيط التعليمي عند وصفه قادراً على التحرك بسرعة لمواجهة سوق العمل الحقيقية، وأن يوازن بين الخريجين وأعدادهم وبين معدلات الاحتياجات الفعلية في سوق العمل.

٩- العمل على استقطاب القدرات والخبرات الإدارية والتخطيطية من البلاد العربية-وما أكثرهم - من اجل العمل على تجاوز الصعوبات الإدارية والتخطيطية داخل النظام التعليمي، وهذا الامر يقود بطبيعة الحال إلى متطلب سابق له وهو توفير الإمكانيات الفنية والمادية، وان يتم التعاون فيما بين البلدان العربية، على ان يتم الآخذ بعين الاعتبار عند عمل هؤلاء الخبراء أن تسير الاعتمادات التعليمية ضمن إطار محدد، وهدف مرسوم مع قياس العائد لهذه الاعتمادات(التكاليف) بحيث يكون العائد متناسقاً مع الإنفاق، بمعنى أن لا يكون الإنفاق قد زاد عن العائد.

١٠- مراعاة التعديل والتجديد للخطة التعليمية بين الحين والآخر لتواكب الاحتياجات وتوافق المتطلبات والتقدم العلمي بحيث تهدف هذه المراعاة في الخطط تحقيق أفضل الفوائد مع التركيز على الكيف في التعليم.

١١- أن يراعى في التخطيط التعليمي أن يسمح بالإجابة عن المشكلات الحقيقية التي تثيرها تنمية النظام التعليمي مثل إصلاح هيكل ومضمون وطرق التربية وإدخال التقنيات الجديدة.

١٢- استخدام التخطيط التعليمي الحديث وإهمال نموذج التخطيط التقليدي الذي يميل إلى تجاهل آثار العلاقات الاجتماعية والسياسية والاقتصادية التي تحدث في نطاقها العملية التخطيطية.

١٣- نزول التخطيط من برجه العاجي إلى أرض الواقع، لدراسة النظام التعليمي والمجتمع، وهذا يتطلب إعادة تعريف التخطيط على أساس من التحليل التفصيلي للبيئة الاجتماعية، والسياسية التي يحدث فيها، وهذا الأمر يستلزم إقامة العلاقات المنظمة بين التخطيط والجماعات الاجتماعية المختلفة المعنية بالتنمية التربوية، ويعني الباحث هنا إقامة الآليات ذات العلاقة بل المستويات لكي تشترك كل الأطراف المعنية في صنع التخطيط ووضع القرارات.

١٤- تطوير أساليب التخطيط التعليمي وأدواته وكل ما يتعلق به، وهذا يتم من خلال إجراءات البحوث العلمية، و أعمال التدريب في رسم التخطيط ودراسة التكلفة على المستوى المحلي، وهنا يتطلب وجو المنافسة بين المخططين والمؤسسات ذات العلاقة بالبحوث العلمية، وإقامة الندوات والمؤتمرات، حتى ولو كان مصير هذه البحوث إلى إدراج المكاتب والأرشيف.

وهنا في الختام، تظهر أهمية قيام نوع جديد من التخطيط التعليمي للوصول إلى النتائج المرجوة، وهذا النوع من التخطيط لا يتأتى الا عن طريق تبصير واضعي السياسة والخطط التعليمية بالمشكلات القائمة بصورة وبطريقة واضحة، ومعبرة وموضوعية، حتى يتبينوا أفضل الخطط لعلاج هذه المشكلات، وبالجملة فإن التخطيط التعليمي يجب عليه أن يستوضح المشكلات قبل ان ترسم طرق العلاج وبرامج التنفيذ، بمعنى يتم تحديد المشكلة ثم العمل على وضع الفرضيات والحلول واختبارها لوضع المسلمات والحلول بعدها على أن ذلك يعتمد على الدعم المادي والإمكانات المادية المتوفرة في المؤسسة التعليمية.

قائمة المصادر والمراجع :

المصادر العربية :

- جوهر، صلاح الدين (1984)، **مقدمه في إدارة وتنظيم التعليم**، مكتبة عين شمس، القاهرة، مصر.
- الرشيد، محمد الاحمد (1998)، **التخطيط التربوي بوصفه عملية اجتماعية**، جامعة الملك سعود.
- رضا، محمد جواد (1987) وعبد الله عبد الدايم، عزت عبد الموجود وبدر القمر، تحرير محمد العوض جلال الدين، **حوار حول التخطيط التربوي** وعلاقته بالتنمية الاقتصادية والاجتماعية، المهد العربي للتخطيط بالكويت.
- علي، سعيد اسماعيل (2001م) **فقه التربيه، مدخل إلى العلوم التربوية**، دار الفكر العربي، القاهرة، مصر.
- فهمي، محمد سيف الدين (1979) **التخطيط التعليمي، أسسه وأساليبه ومشكلاته**، مراجعة مختار حمزه، مكتبة الانجلو المصرية، القاهرة، مصر.
- لطفي، علي (1978) **التخطيط الاقتصادي**، مكتبة عين شمس. القاهرة. مصر.
- لطفي، علي (1978) **التخطيط التربوي على مستوى الوطن العربي**، دار الكتاب اللبناني، بيروت، لبنان.
- متولي، فؤاد بسيوني (1990م) **التربية ومشكلة التخطيط**، رؤية عصرية لبعض مشكلات المجتمع وعلاقتها بالتربية، دار المعرفة الجامعية، مصر.
- متولي، مصطفى محمد (1993) **التخطيط للتعليم في ضوء اتجاهات النمو السكاني واحتياجات التنمية**، مكتب التربية العربي الرياض. السعودية.
- مطاوع، أبراهيم عصمة (1964) **التخطيط التعليمي للقطاع الريفي**، مكتبة الانجلو المصرية، القاهرة، مصر.

- مرسي، محمد منير، (1977) **مؤلف مشارك**. عبد الغني النوري تخطيط التعليم واقتصادياته.

- هندي، صالح دياب (1990) **مؤلف مشارك** أسس التربية ط٢، دار الفكر، عمان، الأردن.

- رضـا، محمـد جـواد (1986)، **حـدود القـدرة والإحبـاط في التخطيط التربـوي في العـالم العـربي**، مجلـة العلـوم الاجتماعية العدد الأول، مجلد ١٤، الكويت.

- عميرة، أبراهيم بسيوني (1970م) **عصر العلم والتكنولوجيا**، مجلة التربية، العدد الأول.

- مطاوع ابراهيم عصمت (1980م) **عوامل التخطيط التعليمي** مجلة التربية، العدد 48.

- ابراهيم عصمت (1980) **أساسيات التخطيط التعليمي**، مجلة التربية العدد 43.

- النوري، عبد الغني (1981)، **تخطيط التعليم كماً وكيفاً**. مجلة التربية العدد 49.

- النوري، عبد الغني (1988م) **التخطيط التربوي والتعليمي**. أهمية تطوره وأنواعه، مجلة التربية. العدد 87.

- عمار، حامد (1968) **في اقتصاديات التعليم**. دار المعرفة، ط٢

- الطيب أحمد محمد (1999م). **التخطيط التربوي**. المكتب الجامعي الحديث. الاسكندرية مصر.

الفصل السابع

صناعة السياسات التربوية وتنفيذها وتقويمها

المقدمة :

إن عملية رسم السياسة التربوية يعتبر مطلباً أساسياً وملحاً تفرضه طبيعـة العمـل التربـوي المنظم ، نظراً لكونه السياسة التربوية منطلق الأهداف التربوية ومرتكز توجيه العملية التعليميـة، ومحور تنظيم ودفع الجهـود القائمة عليهـا، وهـي أسـاس لوضـع اسـتراتيجيات تطـوير التربيـة، وترجمتها إلى خطط تنفيذية رشـيدة والسياسـة التربويـة بالإضافة إلى ذلك تحكـم قيـام التـوازن الموضوعي، والاستمرار المتنامي لحركة التعليم.

وتتناول السياسة التروية لغة التعليم، وحرية، وأحقيته وإدارته وتمويله وتنظيمـه، بعـد ان تستعرض الواقع الذي بنيت عليه من دين الدولة وانتمائها وعلاقتهـا الإقليميـة والدوليـة والمبـادئ الاجتماعية التي تسودها والمبادئ الاقتصادية التي تحكم حركة النمـو والتنميـة فيهـا، ثم تتنـاول الأهداف العامة والخاصة للتربية والتعليم والتي توضح الملامح الرئيسية للتربية في بلد مـا (السياسـة التعليمية في قطر، 1984م) .

وفي هذه الدراسة التي قام بها الباحثان حاول فيها بيان الملامح العامة والرئيسية التربويـة، ومن ثم بيان تنفيذها، وأخيرا بيان تقويمها وكيف يتم ذلك الأمر.

ولقد تم تقسيم هذه الدراسة إلى ثلاثة مراحل وهي:

المرحلة الأولى: مرحلة رسم السياسة التربوية.

المرحلة الثانية: مرحلة تنفيذ السياسة التربوية.

المرحلة الثالثة: مرحلة تقويم السياسة التربوية.

وسيتم تناول كل مرحلة منفصلة عن الأخرى والخطوات التي تمر بها كل مرحلة وما يتبعها من مراحل وخطوات .

رسم السياسات التربوية :

النقطة الأولى لأي سياسة تربوية تبدأ من حيث تعيين الأهداف، إذا كنا نفهم الأهداف على أنها النتائج المرتقبة، مثل ارتفاع معدل النجاح، تحسين افضل للاستخدام، سلوك أفضل فيما يختص بالمواطنين بمواجهة الضريبة، الخ...فلا يمكن لهذا التعين ان يتم إلا من خلال الخيارات الأكثر حيوية أيضا، والتي يقصد بها الأبعاد الظاهرة في الخيارات السياسية، وفق هذه العموميات بات الأمر غير مرتبط بالسلوكيات أو المعطيات الموضعية الملحوظة، بل بالمفاهيم الأخلاقية والفلسفية المستترة، أو الظاهرة للنشاط الاجتماعي الذي يعطي مفهوم عن الإنسان، عن موقعة في هذا العالم وعن مصيره، لهذا السبب أن كل سياسة تربوية تضرب جذورها داخل الأيديولوجية (لوغران، 1990 م) .

ويتوقف تحديد مضمون أغراض السياسة التربوية، على ما تراه الهيئة المخولة عند رسم السياسات وتنفيذها، وان ذلك الغرض يمكن ان يكون واحدا، من بين عدد كبير من الأغراض.

ومن الشائع ان نقّاد السياسة يقترحون مراجعة السياسة وإعادة النظر فيها على أساس من تحديد أولويات أغراضها، وبحيث يكون هناك غرض رئيسي واحد لها (حجاج، 1983) .

وأي سياسة تربوية قد يكون لها العديد من الأغراض، وتلك الأغراض قد تنتمي الى قطاعات مختلفة، والقضية هنا هي مدى إدراك تلك الأغراض بمستوياتها، ومدى حظ تلك الأغراض من المراعاة والاعتبار.

القطاعات التي تندرج تحتها الأغراض

ترى بعض الدراسات إن تلك الأغراض تندرج تحت أربعة قطاعات هي (حجاج، 1983).

١- أغراض لا يمكن تحقيقها: وينبغي في هذه الأغراض مراعاة إن عدم الوصول إلى هذه الأغراض لا ينم بالضرورة عن خلل أو تفاهة تلك الأغراض- فعلى سبيل المثال- فإذا كان المعلم قد تبنى سياسة، الغرض منها تنمية القدرات العقلية الناقدة، لا يمكن إن يوصف بالحمق والتفاهة إذا استهدف تنمية تلك القدرات بصورة كاملة، ولكن يمكن إن يوصف بالحمق إذا اعتقد انه يمكن تحقيق مثل هذه الأغراض.

٢- أغراض يمكن تحقيقها لمرة واحدة: وهذه الأغراض تتحقق لمرة واحدة ومثال ذلك إن يتبنى بعض الآباء سياسة معينة لتعليم ابنة السباحة مثلاً، ففي هذه الحالة فان غرض السياسة يتسم بالمنطقية وإمكانية التحقيق لمرة واحدة فقط.

٣- أغراض يمكن تحقيقها عدة مرات متكررة: هذه هي طبيعـة سياسـات الصيانة، أو المحافظـة على الأشياء.

٤- أغراض متأصلة راسخة: وتعني هذه الأغراض انه إذا كـان الغـرض مـن السياسـة متـداخل في أغراض أخرى، فان أي طرف يقوم بتنفيذها يراعي أولاً تلك الأغراض.

وعند رسم السياسة التربوية لا بـد ان تحـدد السياسـة التربويـة وتوضـح الأهـداف التـي تسعى من اجل الوصول إليها، وان تتضمن تلك السياسة التزاماً بالعمل من اجل تحقيق الأهـداف التربوية وان تعمل على تجسيد المثل الروحية، والقيم الخلقية في استراتيجياتها، وان تتمثل المنهج العلمي نتاجاً وأسلوباً في التفكير والعمل، وان توجه السياسـة التربويـة جميع العـاملين في ميـدان التربية إلى ضرورة النظر إلى النظام التربوي نظرة شمولية متكاملة، وان تكرس السياسات جزاءً منها لتعين وتحديد وتوظيف آليات التنفيذ (إسماعيل، 1979) .

مراحل رسم السياسات التربوية :

تمر السياسة التربوية عند رسمها بالعديد مـن المراحل أو الخطوات، وقـد تختلـف هـذه المراحل من سياسة لأخرى، ومن دولة لأخرى، فينظر(هوف) إلى أن مراحل صنع السياسة التربويـة تمر بالمراحل التالية:

١- مرحلة ظهور القضية وتحديد المشكلة: والتعرف على المشكلة بحاجة إلى عناية حكوميـة، ثـم تأخذ المشكلة مكاناً لها على جدول الأعمال الرسمي، ومـن ثـم حشـد مبكر لاسـتراتيجيات محددة لمواجهة المشكلة.

٢- مرحلة تشكيل السياسة وإقرارها: تتضمن هذه المرحلة الكشف عن بدائل مختلفة.

٣- مرحلة تنفيذ السياسة: وهنا يتم تفسير السياسة، وتطبيقها في حالات معينة، وتطوير مجموعة من البرامج أو برنامج معين.

٤- مرحلة التغيير أو الانتهاء(التقييم) والانتهاء هنا يسبب حل المشكلة، وإذا كانت السياسة غير ناجحة وكانت النتائج غير مرضية، فانه يجب أن يحدث تغيير في اتجاه السياسة أو استبدالها بسياسة جديدة (العمري، 1996) .

وقد تكون مراحل رسم السياسة التربوية كالآتي:

١- فترة عدم الرضا: وتتمثل بعدم رضا بعض الفئات في المجتمع، نتيجة الكبح والتغيير الواقع في نشاطاتهم بسبب وجود سياسة محبطة أو عدم وجود سياسة أحيانا.

٢- إعادة صياغة وجهات النظر: وتكون هذه المرحلة عندما تكون حالة عدم الرضا ملحوظة بشكل كبير عندها يحدث ما يسمى بالتوجيهات الجديدة لتنقية وجهات النظر حيث يظهر القادة لشرح وتفسير شكوى الجماعات.

٣- صياغة الأفكار: وتتم ترجمة المآخذ السلبية للمجموعة عدم الراضية وصياغة شكواهم الى بدائل .

٤- الحوار: يتم توسيع مدى المشاركة وذلك من أجل تعزيز المشاركين من الانتقادات المقنعة، وهذه المرحلة تسبق التشريع

٥- التشريع يتم في هذه المرحلة رسم السياسات التربوية، ويتم في هذه المرحلة تحويل البدائل إلى قوانين.

والمرحلتين (5،4) يعطيان الساسة التربوية قوة كبيرة تجعل صانعي السياسة التربوية أكثر ثقة بمواد سياستهم لأنها بنيت على أساس قاعدة عريضة من الحوار، كما أن التشريع يمنحها قوة قانونية.

٦- التنفيذ: يوضع القانون الجديد موضع التنفيذ، وتستمر هذه العملية كلما ظهر نوع من عدم الرضا في أي مجال من المجالات التربوية.

الجهات التي تقوم برسم السياسة التربوية والمشاركة في عملية صنعها :

في السياسة التربوية توجد هناك آراء متضاربة ومتباينة حول القوى المشتركة في رسم السياسة التربوية، فبعض الاتجاهات ترى بان دور الحكومة في تقرير السياسة التربوية غير فعال.

التربوية، ولابد لنا في هذا المقام التمييز بين نظامين معروفين وهما النظام المركزي واللامركزي لتسهيل عملية بيان الجهات التي تقوم برسم السياسة التربوية.

ففي النظام المركزي تتمتع السلطة المركزية بحق تحديد الاتجاهات العامة للسياسة التربوية، وطبيعة المدارس وإنشائها، وهي مختصة أيضا بالطبيعة الوطنية للامتحانات بالبرامج، بالمضامين والجداول المرتبطة بمجموع الأقاليم الوطنية وبالوسائل المعتبرة ضرورياً لوضعها موضع التنفيذ.

كما أن السلطة المركزية مرتبطة على المستوى الإقليمي وعلى مستوى المحافظات، بجهاز إداري وتربوي مكلف بتطبيق هذه السياسة مع الاحتفاظ بحد أدنى من الحريات.

وان التوجيه نحو المركزية يأتي دائماً نتيجة سعي حزب ما أو مجموعة من بين العديد من الأحزاب والمجموعات، إلى إخضاع مجموعة المواطنين أو طائفة مجاورة لها، لسلطتها أملاً في الحصول على منفعة مادية أو معنوية (لوغران، 1990) .

أما النظام اللامركزي فتكون اللامركزية تامة أو مطلقة عندما يتدخل أعضاء غير مركزيين، حيث يتمتع هؤلاء الأعضاء ودون استثناء، بالصفة اللامركزية (لوغران، 1990) .

ويعتبر مدير كل فرع مسئولا تاماً عن نجاح أو فشل الفرع، وترتبط اللامركزية ـ معظم الاحيان ـ بقيم يفضلها العمل بالقانون المتكامل، تأتي في الدرجة الأولى التجربة المعاشة نسبياً، فليس المهم في هذا السياق المعرفة المجردة والشاملة، أو المنافسة الفردية وترتبط أيضا اللامركزية في الميدان التربوي بحساسية أخرى متعلقة بالعدالة كون هذه الحساسية موجودة دائماً فهي تفقد طابعها اللافردي، وتأخذ بعين الاعتبار الظروف الاجتماعية للتعليم.

واما عن المشاركين في صنع السياسة التربوية فان هنالك قاعدة عريضة من المشاركين حتى ان هنالك وجودا لقوى السلطة الرسمية بينهم ويمكن تقسيم المشاركين في صنع السياسة الى مجموعتين:

المجموعة الأولى:مجموعة الرسميين: وهم الأفراد الذين لهم وجود فردي أو منظم ويتمتعون بمسؤوليات تتركز على الشرعية، وفي هذه المجموعة يمكن تمييز خمس فئات رسمية تشترك في صناعة السياسات التربوية وهي كالتالي:

١- فئة رئيس الدولة: يقتصر عمله ودورة على تقديم النصح لهيئة الوزارة بالإضافة الى رئيس الوزراء، ومجلس الوزراء، ومجلس الأمة والأحزاب السياسية في الحكومة.

٢- فئة وزير التربية والتعليم والمدراء في مديريات التربية والتعليم.

٣- المديريات الأخرى: مثل مدرية المناهج ومديرية التخطيط، ومديرية الامتحانات، ومديرية التطور التربوي.

٤- المديريات الحكومية خارج النطاق التربوي، والتي تلعب دوراً هاماً ورئيساً في تطور وتنفيذ السياسة التربوية.

٥- فئة الهيئات الحكومية.

المجموعة الثانية: مجموعة غير الرسميين: ومن أمثلتهم الأحزاب السياسة، ومجموعات المصالح والوسطاء (العمري، 1996).

ومن الإنصاف عند الحديث عن رسم السياسات التربوية والمشاركين في صنعها، ان نميز بين ما يسمى(المختصين) وما يسمى (المتخصصين(فوزير التربية والتعليم يعتبر مختصاً رسمياً بتنفيذ السياسات التربوية للدولة، و إدارة شؤونها والإعداد لمواجهة مشكلاتها، وهو المسئول عنها- أيضا - في المجالس النيابية كونه يتربع على قمة السلطة التربوية، وهو_أيضا أحد أعضاء مجلس الوزراء المسوؤلين

عن سياسة الدولة العامة وبذلك يكون اختياره كوزير اختيار سياسي في(طبيعته)، ومعنى ذلك انه قد لا يكون متخصصاً في الدراسات التربوية، وبذلك اصبح من الضرورة بمكان ان يـوفر جهـازاً فنيـاً متخصصاً في المجالات التربوية المختلفة للاستعانة بهم والاسترشاد بأفكـارهم حيـث تكـون الحاجـة لأن الرجـوع الى المتخصصـين مـن الأمـور المتعـارف عليهـا حتـى في الـدول المتقدمـة، وفي جميـع منظماتها ومؤسساتها (عبيد، 1976) .

ولابد لنا في هذا المقام ان نلفت النظر للأهمية خطوط الاتصال:

خطوط الاتصال ورسم السياسة التربوية :

من الثابت أن كفاءة المعلومات اللازمة لوضع السياسات تتوقف على كفـاءة الاتصـال بـين أجزاء المنظمة المسؤولة عن وضع السياسة، وحيث ان المشرف بحكم وظيفته يكون منغمساً تماماً في هذه العملية، فانه عن طريق خطوط الاتصال يمكن توصيل السياسات للأفراد، ونقـل أفكـارهم وشـعورهم إلى المسـتويات الإداريـة العليـاء، وحيـث أن مـن مهامـه مسـاعدة الإدارة بالمسـتويات الإدارية الأعلى على وضع سياسات تتلاءم مع الأحداث الجارية وحيث أن من مهامه تفسير وتنفيذ هذه السياسات، لذلك فقد يحدث خلط أو تحريف في نقل المعلومات عن خط الإشراف الأول، فلا شك ان المشرف اثنا قيامه بهذه المهمة يكون متأثرا بآرائه الخاصة وشعور الشخصيـ والتـي قـد لا تتفق مع آراء وشعور من هم في مستويات إدارية علياء أو اقل من مستواه.

وقد يؤدي ذلك إلى تغيير في السياسات أثناء عملية نقلها بواسطة المشرف وأثناء تنفيذه للسياسات قد يحدث فيها تغيرات جوهرية أو ثانوية دون أن يشعر (حسن، 1979).

تنفيذ السياسات التربوية :

حين توضع سياسة جديدة لأول مره، أو تدخل تغييرات في سياسة قائمة، فلا بد من تمهيد الطريق وتحضير الأذهان لمفهومها، فقبل إعلانها يجب أخذ رأي أولئك الذين يساهمون بأفكارهم فيها، أو يتأثرون بها، فمن الخطأ نشر السياسات الجديدة أو التغييرات القائمة في السياسة فجأة، فالنشر المفاجئ دون مقدمات قد يسبب الذعر والشعور بالقلق والخوف بين الأفراد.

وعادة يكون سلوك الأفراد ورأيهم تجاه السياسة الجديدة أو التعديلات في السياسة الحالية- هجوماً أو على الأقل سلبياً، ويبقى الأمر كذلك لفترة طويلة، حتى يدركون مزاياها ويأنسون لمفاهيمها ويتعودون على فلسفتها، فيبدأ سلوكهم في التغير ويصبح إيجابياً ان اقتنعوا بوجهتها.

وإن نشر السياسات في المؤسسة يمون في معظم الحالات في شكل عبارات مكتوبة توضع في لوحة الإعلانات، أو تردد على شكل خطابات، أو دليل يطبع لهذه الغاية، وقد يكون بشكل عبارات شفهية تردد على ألسنة كبار المدراء في المنظمة.

ويعتبر التوقيت عاملاً مهماً في عملية الفهم، في أن يحدد الوقت بحيث يكون كل مدير أو رئيس أو مشرف أو من يحيط العاملين معه بمضمون السياسة الجديدة، أو بالمتغيرات التي أدخلت في السياسة القديمة فلا شك أن هذا الإجراء يرفع من

مركزهم بين مرؤوسيهم، كما يحضر في أذهان المرؤوسين للسياسة المنتظر صدورها، كما يمكنهم من الحصول على ردود شافية بالنسبة لاستفساراتهم بشأنها (حسن، 1979) .

وبعد أن يتم صنع السياسة التربوية، وتحديد أبعادها وأهدافها، تأتي مرحلة تطبيقها وتنفيذها، وينبغي أن يسبق هذا التنفيذ دون شك مرحلة نظرية تكلف الإدارة من خلالها بدراسة الشروط التفصيلية للتنفيذ وهذا ما يقوم به دور التخطيط.

كما ينبغي أن يضبط هذا التنفيذ نفسه بواسطة تقييمات متتالية لظروف تحقيق الخطة، تقييمات يمكن أن تؤدي إلى تغييرات في التخطيط الأساسي أو حتى إلى تغيير في السياسة وبالتالي إيقاف النشاط الجاري، وهكذا يقع التخطيط على مستويين: الأول وهو التخطيط المؤقت قبل تطبيق السياسات، وأما المستوى الثاني فهو التخطيط المرافق والضابط خلال التنفيذ (لوغران، 1990) .

وعند اختيار السياسة وإقرارها للتنفيذ فلا بد من التعرف على مدى فعاليتها وأغراضها وأهدافها عن طريق وسائلها ، وإجراءاتها ثم سبل تقويمها، والتي من شأنها أن تمد فئة المنفذين والقائمين على الساسة بقدر أوفر من البصيرة وتغذية راجعة تؤدي الى تحسين المسار في أمور ورسم السياسات وتنفيذها (حجاج، 1983).

عوامل النجاح المشترط توافرها في السياسة التربوية عند تنفيذها:

العامل الأول: وجود تصميم للسياسة التربوية :فالسياسة المثالية تكون واضحة لا يعتريها الغموض في أهدافها، ويكون حظ السياسة التربوية من النجاح

منخفضاً إذا كانت ترتكز على مفهوم نظري يعتريه النقص أو كانت أهـدافها غـير واضـحة وغـير واقعية.

العامل الثاني: وجود استراتيجية للتنفيذ فـالبرامج الواضـحة والمبـاشرة والبسـيطة والتـي تحـيط المشكلات المحتملة بدقة والتي تحتاج لجهد إداري بسيط تتمتع بفرص نجاح أكبر.

العامل الثالث: التعهد والقدرة لدى النظام على التنفيذ وتشمل القـدرة هنـا مصـادر السياسـة والوسائل المتوفرة بضمان الاستجابة من قبل السياسة التربوية

العامل الرابع: الثبات ويتعلق هذا العامل بأسلوب تطبيق السياسة من وجهة نظر مـن تطبـق عليهم فيشعر الأفراد بالمرارة إذا طبقت السياسة في ضرورة ما بأسـلوب معـين، وفي ظـروف مماثلة في وقت آخر بأسلوب مختلف، مـما يولـد شـعوراً بعـدم العدالـة والخـوف لـديهم، فعدم الثبات يعني عدم الثقة بالأفراد في الإدارة وهذا بـدورة يجعـل التخطـيط للمسـتقبل أمراً صعباً للغايـة، فـالتغير السرـيع أو المفـاجئ في طريقـة تطبيـق السياسـة قـد يرجـع الى انحراف مزاج أو لأي سبب آخر.

العامل الخامس: المرونة ليس من الضروري أن ينص على المرونـة في صـدق السياسـة وإن كـان رأي البعض أنه يجب أن تحتوي على عبارات مثل (في الحالات العادية) و (كلما أمكن)

العامل السادس: العوامل البيئية مثل درجة الدعم أو المعارضة التي تظهر في المجتمع، وقدره أولئك الذين يستفيدون من الظروف المحيطة على بناء تحالف فعال من الدعم والضغط السياسي.

العامل السابع: العدالة :وهو أن يشعر كل من الإدارة والأفراد بأن السياسة المطبقة عادلة، وهو أمر يخضع الى حكم كل من الطرفين وقد يحاول معظم المديرين أن يكونوا عادلين في تطبيق السياسة ولكنهم لا يلاحظون أن قراراتهم بالرغم من عدالتها قد لا تلق الترحيب الكاف من الذين يتأثرون بها حيث يعتبرونها غير عادلة ما لم يقتنعوا بأن المدير قد أخذ جميع العوامل المتعلقة بهم عند تطبيق السياسات (حسن، 1979/ العمري، 1996)

تقويم السياسة التربوية:

إن عملية صنع السياسة التربوية عملية مستمرة، إذ تحتاج الى تغيير إما بالإضافة أو الحذف أو التعديل، وتتولد الحاجة الى إجراء مثل هذه التغييرات والتعديلات في السياسات إذا عبر العاملين عن عدم رضاهم عنها، أو إذا أثبتت التقارير المرفوعة من المشرفين أن هذه السياسة أو بعضها أثارت مشاكل معينة أو ظهر بها بعض جوانب النقص والخلل.

ويجب أن تكون هنالك مراجعة مستمرة للسياسات الموضوعة وتطبيقها بغرض اكتشاف الأخطاء أو جوانب الضعف سواء في السياسة نفسها أو في الطريقة التي تطبق بها (الشنواي، 1992).

والهدف من تقييم السياسة التربوية هو قياس مدى تحقيق هذه السياسة للأهداف التي وضعت من أجلها،والتقييم في السياسة التربوية يكون يفقد قيمته ما

لم توظف نتائجه من خلال القرارات الإدارية نحو تحسين الإجراءات والأساليب المتخذة عند تنفيذ السياسة التربوية، أضف الى أن التقييم يهدف الى كشف فعالية وأثر عناصر السياسة المختلفة.

وإذا أردنا الاسترشاد بنتائج التقييم فإن ذلك يتطلب:

- أن تكون عملية التقييم شاملة ومستمرة.
- أن ترتكز بنفس الوقت إلى أسس علمية سليمة لضمان صدق نتائجها (سارة، 1990)

وهذا لابد من الإشارة إلى أنه عند تقييم السياسة التربوية فإنه يجب مراعاة المعايير والعناصر التالية:

١- الاتساق والتكامل بين السياسات الفرعية والسياسة العامة حتى لا يكون هنالك تعارض أو تناقض يفقد السياسة العامة معناها.

٢-الدقة والوضوح في صياغة السياسة حتى تعطي الفهم المطلوب ولا تثير أي لبس أو غموض حولها.

٣- مدى اشتراك العاملين في المستويات المختلفة في عملية صنع السياسة.

٤- مدى تناسب السياسة مع الأهداف العامة.

٥- مرونة السياسة.

٦- درجة الالتزام بالسياسة كأساس للعمل.

٧- مدى معرفة العاملين بهذه السياسة وفهمهم لها.

٨- شمول السياسة التربوية بدرجة النشاط المختلفة.

٩- واقعية السياسة، حتى تقوى على البقاء ومقاومة الضغوط والأزمات.

١٠- مراعاة مدى إيصال المعلومات من السياسة إلى المسؤولين عند تفسيرها وتطبيقها (الشنواي، 1992).

الخاتمة :

من خلال ما سبق نستطيع القول أن عملية رسم السياسة التربوية يتطلب جهداً كبيراً بدءاً من عملية تطبيق الأهداف، ومروراً بالتخطيط والنشر والإعلان والتنفيذ ومن ثم التقويم فهذه عمليات بحاجة الى متابعة مستمرة لضمان نجاح السياسة.

وان كل سياسة تربوية تضرب جذورها داخل الأيديولوجية، ويمكن القول بأن وجود سياسة تربوية يعتبر مطلباً أساسياً تفرضه طبيعة العمل التربوي المنظم الذي يقوم على أسس علمية رشيدة توجهه نحو تحقيق الغايات التي ينشدها المجتمع.

وتمر صناعة السياسة التربوية بالعديد من المراحل بدءاً من تحديد المشكلة وتشكيل السياسة وإقرارها وتنفيذها ومن ثم تقويمها حيث يتم التغيير في السياسة أو قبولها

قائمة المصادر والمراجع :

- إسماعيل، سعاد خليل(1989)، **سياسات التعليم في المشرق العربي**، عمان، منتدى الفكر العربي.

- حسن، عادل (1979)، **الإدارة**، مؤسسة شباب الجامعة، الإسكندرية،مصر.

- حجاج،عبد الفتاح(1983)، **السياسة التعليمية: طبيعتها، ومبرراتها وخصائصها**، دراسات في الإدارة التربوية، مجلد٦، مركز البحوث التربوية، جامعة قطر.

- سارة، ناثر(1990)، **التربية العربية منذ 1950، إنجازاتها مشكلاتها وتحدياتها**، منسق المشروع سعد الدين إبراهيم، منتدى الفكر العربي، عمان، الأردن.

- **السياسة التعليمية في دولة قطر** (1984)، وزارة التربية والتعليم، دولة قطر.

- الشنواي، صلاح (1992)، **إدارة الأفراد والعلاقات الإنسانية**، مؤسسة شباب الجامعة، مصر.

- عبيد، أحمد حسن(1976)، **فلسفة النظام التعليمي وبنية السياسات التربوية**، القاهرة، مكتبة الانجلو المصرية، مصر.

- العمري، حيدر محمد(1996)، **مدى تنفيذ السياسات التربوية وانعكاس ذلك على الرضى الوظيفي لدى العملين في وزارة التربية والتعليم**، رسالة ماجستير غير منشورة، جامعة اليرموك، اربد-الأردن.

- لوغران، لويس(1990)، **السياسات التربوية**، ترجمة تمام الساحلي، المؤسسة الجامعية للدراسات والنشر والتوزيع، ط١، بيروت-لبنان.

- النجار، فريد راغب محمد(1976)، **السياسات الإدارية واستراتيجيات الأعمال**، مؤسسة دار الكتب، الكويت، ومكتبة شقرون الحمزاوي، القاهرة، مصر .

فهرس الموضوعات

Printed in the United States
By Bookmasters